Theodor Konrad Hartleben

Ueber die Wahl der deutschen Reichsdeputirten zu Friedensverhandlungen

Mit vorzüglicher Rücksicht auf die zu dem künftigen Friedens-Congress bereits erwählte Reichsdeputation

Theodor Konrad Hartleben

Ueber die Wahl der deutschen Reichsdeputirten zu Friedensverhandlungen
Mit vorzüglicher Rücksicht auf die zu dem künftigen Friedens-Congress bereits erwählte Reichsdeputation

ISBN/EAN: 9783743623316

Hergestellt in Europa, USA, Kanada, Australien, Japan

Cover: Foto ©ninafisch / pixelio.de

Weitere Bücher finden Sie auf **www.hansebooks.com**

Ueber die Wahl
der deutschen Reichsdeputirten
zu
Friedensverhandlungen

mit

vorzüglicher Rücksicht auf die zu dem künftigen Friedens-Congreß bereits erwählte Reichsdeputation

von

D. Theodor Konrad Hartleben,

Hochfürstl. Salzburgischem wirklichen Hofrathe, des Staatsrechtes deutscher Reichslande, der Reichspraxis und der juristischen Encyklopädie und Methodologie öffentl. ordentlichem Lehrer, der juridischen Fakultät auf der hohen Schule zu Mainz Beisitzer, des königl. preußischen gelehrten Institutes zu Erlangen und der kurfürstlichen Akademie der Wissenschaften zu München ordentlichem Mitgliede.

Salzburg 1797.
In der Mayrschen Buchhandlung.

Die Konstitution des deutschen Reichs erfordert eine gemeinsame Einschreitung bey Kriegs- und Friedenssachen; man befestige durch diese Politick das Band der Union. Außer dieser Vorschrift wäre es schon längstens aufgelößt. Klares Gesetz, Herkommen und Analogie sprechen für das gemeinsame Konkurrenzrecht sämtlicher Stände unter ihrem Reichsoberhaupte in Kriegs- und Friedenssachen.

Pragmatische Darstellung des Konstitutionswidrigen preußischen Separatfriedens ꝛc.

Vorrede.

Aus der nachfolgenden Einleitung dieser Schrift ergiebt sich, daß sie hauptsächlich durch die am Ende des vorigen Jahres zu Regensburg erschienene Staatsrechtliche Bemerkungen eines deutschen Rechtsgelehrten über die Wahl der Reichsdeputirten zu dem künftigen Friedens-Congreß, veranlasset ward. Ihr Plan und Umfang ist demungeachtet so ausgedehnt, daß sie nicht blos als eine Widerlegung dieser staatsrechtlichen Bemerkungen, sondern als ein selbstständiges Werkgen angesehen werden kann, welches größten Theiles eine von der Zeit unabhängige, lange auf deutschen Reichstägen bestrittene staatsrechtliche Frage erörtert.

Der wesentlichste Zweck dieser Bearbeitung ist eine Rechtfertigung sowohl der Art, wie die Wahl der Reichsdeputirten vor sich gegangen ist, als auch der erwählten Deputirten selbst — ersteres in staatsrechtlicher, letzteres in politischer Hinsicht. Die vorausgehende staatsrechtliche Unterſuchung, auf welche Art die Wahl deutſcher Reichsdeputirten geſchehen müſſe, macht daher den wichtigſten und größten Theil der Abhandlung aus. Außer einer älteren lateiniſchen Diſſertation des v. Hagen, und einer neueren faſt wörtlichen deutſchen Ueberſetzung derſelben, beſitzen wir keine in dem Buchhandel befindliche ausführliche Erläuterung dieſer wichtigen ſtaatsrechtlichen Frage nach den billigen Grundſätzen des katholiſchen Religionstheiles. Ich ſchmeichle mir, dieſe Lücke nun auf einige Art um ſo mehr auszufüllen, als ich beſonderen Bedacht darauf genommen habe, die Gründe der beyden neueſten proteſtantiſchen Schriftſteller über dieſe Materie quellenmäßig zu widerlegen. Der eine Gegner, der Verfaſſer der bereits angeführten ſtaatsrechtlichen Bemerkungen iſt von minderer Bedeutung; allein die Sätze meines alten ſchätzbaren Freundes, Herrn D. und Profeſſors Weiße zu Leipzig, der vorzüglich meinen einigen Vorarbeiter dieſer Materie, den Herrn v. Hagen zu widerlegen bemühet iſt, ſind von mehrerem Gewichte. Sie zeugen von dem Scharfſinne eines Staatsrechtsgelehrten, dem die Gabe, auch den geſunkenen Meinungen ſeines Religionstheiles immer mit einigem Scheine aufzuhelfen, ganz eigen iſt, wie ich mich bey genauerem unvergeßlichen litterariſchen Umgange mit dem Herrn Profeſſor während unſerm mehrjährigen publiziſtiſchen Aufenthalte an den höchſten Reichsgerichten und dem Reichstage zu überzeugen öftere Gelegenheit hatte.

Die

Die politische Prüfung der erwählten Reichsdeputirten ist lediglich durch den Verfasser der staatsrechtlichen Bemerkungen verursachet worden. Die Vorwürfe, welche gegen einen der ruhmwürdigsten deutschen Fürsten, den Herrn Landgrafen von Hessendarmstadt in dieser Schrift vorgebracht werden, verdienten, wie ich glaubte, eine nähere unpartheyische Prüfung, damit das gerechte deutsche Publikum, dessen öffentliche Meinung in Staatsangelegenheiten Regenten im wahren Sinne nicht ganz gleichgültig seyn wird, ein unpartheyisches Urtheil fällen könne. Hat jeder deutsche Mann das Recht, den Reichsstand vor den Richterstuhl der Konstitution zu fordern, so muß auch ein jeder das Recht haben, zur Untersuchung eines öffentlichen Tadels beyzutragen. Kein anderer Schriftsteller hat bis jetzt meines Wissens dieses Geschäft in vorliegendem Falle unternommen. Ich hoffe daher, mir in keiner Rücksicht den Vorwurf, die Zahl der Schriften unnütz vermehrt zu haben, zuzuziehen.

Die Liebe, Wahrheit zu verbreiten, hat vom Anfange bis zum Ende der Arbeit meine Feder geleitet. Ich habe den Gedanken, daß ich zum katholischen Religionstheile gehöre, eben so sorgfältig vermieden, als ich solchen auch auf der Kathedet stets von mir entferne. Ist ein Anhänger der deutschen Konstitution und ein Verehrer aller deutschen Regenten, welche konstitutionell handeln, auch ein Partheygänger, so muß ich mir diese Benennung, so sehr ich sie verabscheue, gefallen lassen. Ich werde auch, obwohl

wohl ich litterärische Fehden nicht liebe, aber eben so wenig fürchte, der Wahrheit und der guten Sache, immer ohne Rücksicht der Zeit oder persönlicher Verhältnisse das Wort sprechen. Wer aber die Behauptungen dieser Schrift nur als Protestant, Separatist u. s. w. angreiffen wird, dem werde ich nie antworten, es seye denn, daß er neue Gründe, die jedoch nur die Sache angehen, vorbringe. Die gewöhnlichen Schriftwechsel über staatsrechtliche Gegenstände sind von der Art, daß sie von den Schriftstellern der Partheyen nur wegen der eiteln Ehre, für dieselbe das letzte Wort zu behaupten, geführt werden. Sie sind zwecklos, verhindern die Ueberzeugung, und sollten am wenigsten geduldet werden, wenn sie unter dem Schilde der Anonymität an das Licht treten. Zur Ehre Deutschlandes kann man behaupten, daß der deutsche Schriftsteller seinem freymüthigen auf Gründen gestützten Urtheile in Reichs und Staatssachen seinen Namen unbedenklich vorsetzen kann.

Schlüßlich noch eine einige Erinnerung über einen wichtigen Satz, welchen der Herr Professor Weiße in seiner neuesten Abhandlung über die deutschen Reichsdeputationen zu Friedensverhandlungen aufgestellt hat. Er sagt S. 97, wo von der Kaiserlichen Bestätigung der wegen Wahl und Einrichtung der Reichsdeputation abgefaßten Schlüsse die Rede ist: „Ob die Wahl der Reichsdeputirten von der kaiserlichen Bestätigung abhängig sey, verdient um so mehr eine besondere Untersuchung, da diese Frage erst vor kur-

kurzem auf dem Reichstage zur Sprache gekommen ist." Ganz unrichtig ist dieses letztere Angeben. Möglich ist es, daß bey dem Corpore Evangelicorum davon die Sprache war; allein bey dem Reichstage weiß man nichts davon.

Das Reichsgutachten wegen der Reichsdeputation war und mußte ein Reichsgutachten im wahren Sinne seyn. Es erhielt auch auf solche Art, obwohl das Reichsdirektorium in der Schlußformel abgewichen war, die kaiserliche allerhöchste Genehmigung, ohne daß ein einiger Reichsstand dieselbe als überflüßig erkläret hätte. Indessen hat doch dieser Vorfall dem Herrn Professor Weiße den Anlaß gegeben, den neuen aber irrigen Satz aufzustellen, daß die Wahl der Reichsdeputirten von der kaiserlichen Bestätigung nicht abhängig sey. — Was soll endlich aus der deutschen Konstitution werden, wenn jede Gelegenheit ergriffen wird, die Plane, welche zu Verringerung des kaiserlichen Ansehens — des wohlthätigsten Zuges der Konstitution angelegt werden, durch Aufstellung solcher Sätze zu unterstützen?

Wäre mir des Herrn Professors bemerkte Abhandlung früher zu Handen gekommen, so würde ich gleich in der Einleitung dieser Schrift, wo ich von dem Reichsgutachten handelte, auch diesen Satz widerlegt haben. So viel zeigt sich aus dem wenigen, was ich dort anführe, daß die Observanz gegen den Herrn Professor Weiße spricht. Eine ausführlichere

chere Erörterung und Widerlegung wird demungeachtet, sobald es meine wenige Nebenstunden gestatten, in einem eignen Programme folgen. Die Gewißheit daß solche Schriften auf denjenigen Beyfall, den meine bisherige Arbeiten und noch die jüngste derselben in mehreren, besonders den erlanger, leipziger, goettinger ꝛc. gelehrten Blättern zu erhalten das Glück hatten, keinen Anspruch machen dürfen, vielmehr eben jener Theil, dessen Grundsätze sie bestreiten und der doch im litterärischen Felde das entschiedene Uebergewicht behauptet, über sie absprechen werde, sollen mich wenigstens nicht abschrecken, Wahrheiten zu sagen, von denen ich mich überzeuget habe. Billige Gelehrte, wenn sie auch in ihren Verhältnissen nicht einstimmen können, werden doch bescheiden seyn und das Urtheil nicht nach der Menge der Stimmen, deren Zahl auf Seite der Schriftsteller für die Meinung des katholischen Religionstheiles immer sehr unbedeutend ist, sondern nach dem Gewichte der Gründe bemessen.

Das kaiserliche Hofdekret vom neunzehnten May 1795 war für den deutschen Vaterlands Freund, der sich mit Recht nach einem baldigen, aber nur ehrenvollen konstitutionsmäßigen Frieden sehnet, ein allzu angenehmer Gegenstand; als daß die damalen gepflogene Berathschlagungen über die Einleitung künftiger Friedens=Unterhandlungen nicht noch allgemein bekannt seyn sollten. Rühmlich ist es besonders, daß bey denselben in Ansehung der Bestimmung der außerordentlichen Reichs=Friedens=Deputation die veraltete Streitigkeiten, welche übertriebener Religions=Eifer, vielleicht wohl auch ein gewisser systematischer Widersprechungsgeist über die Art der Auswahl erzeugt hatte, gänzlich bey Seite gesetzt wurden. Rühmlich ist es, daß der deutsche Reichstag, um dereinstens die Friedens=Unterhandlungen desto unaufhaltlicher angehen zu können, nur als ein **untheilbarer Körper** seine Deputirte zu dem künftigen Reichs=Friedens=Congreße **verfassungsmäßig** ernannte — von Seiten des protestantischen Religionstheiles die zuweilen aufgestellte Behauptung, daß die außerordentlichen Deputirte von einem jeden Religionstheile ohne Konkurrenz des andern gewählt werden müßten, bey dem Geschäfte selbst gänzlich verlassen, ja sogar von einem jeden Reichsstande eine Aeußerung über die Deputirten des anderen Kollegiums abgegeben ward. Dank seye der Vorsicht, welche in den neuern Jahrzehnden Repräsentanten der protestantischen Reichsstände nach Regensburg versetzt hat, welche bey ihren Forderungen die wahre Observanz, die Natur der Sache selbst, die Analogie der Gesetze und die Billigkeit zu Rathe ziehen, welche wenigstens die Berathschlagungen über diese Materie durch die

alten

alten unnützen Streitigkeiten nicht verzögert, sondern vielmehr während denselben durch ein kollegialisches, verfassungmäßiges Benehmen zu Ernennung der Reichs-Friedens-Deputation mitgewirkt haben. In dieser Art wurden von den drey Reichskollegien Kurmainz und Kursachsen aus dem kurfürstlichen, Oesterreich, Bajern und Würzburg Katholscher Seits, A. C. Verwandter Seits aber Bremen, Hessendarmstadt und Baaden aus dem Fürstlichen, endlich Augsburg und Frankfurth am Mayn aus dem reichsstädtischen Kollegium zur Reichs-Friedens-Deputation ausersehen. Das Betragen dieser erwählten Stände während des Reichskrieges kann allein als der Maßstab bey Beurtheilung der Güte und der künftigen Beybehaltung dieser Auswahl angesehen werden, worüber ich die nähern Betrachtungen in der Folge anstellen werde. — So ruhig und kollegialisch die Berathschlagung selbst vorüber gegangen war, so wenig konnten sich doch die Herrn Gesandte A. C. überwinden, ihre alte Behauptungen ganz in die verdiente Vergessenheit übergehen zu lassen. Es ist auffallend, nach gänzlicher Beendung dieses Gegenstandes in dem kurfürstlichen Protokolle Chursachsens allgemeine Reservation mit folgender Aeußerung zu erblicken:

„Am Schluße gegenwärtiger Berathschlagung wolle man in Folge höchsten Auftrages nachfolgendes noch zum Reichs-Protokoll erklären: Wie Sr. Kurfürstl. Durchlaucht bey Höchst-Ihro Zustimmung zu dem Conclusio Trium voraussetzten, daß die Art und Weise, wie für dießmahl die Auswahl der von Reichswegen zu dem Friedens-Geschäfte zu deputirenden Stände behandelt worden, der Verfassung, von welcher Höchst-Sie auf keine Weise abzugehen gedächten und dem sonst üblichen Herkommen bey Ernennung von Reichs-Deputationen einigen Eintrag nicht thuen könne.“

Dieser

Dieſer ex commiſſione gethanenen Aeußerung traten Kurbrandenburg und Braunſchweig in Allem bey.

Der Kenner wird die Abſicht dieſer ſo generell vorüberſchleichenden Erklärung nach ihren geheimſten Triebfedern leicht entwickeln; er wird ſie als ein Werk der feinen Komitial-Politik anſehen, ſich aber auch überzeugen, daß dem elektriſchen Strahle ſeine Wirkung gleich benommen ward; denn, obgleich Kurmainz ſich nur mit der ebenfalls generellen Gegen-Aeußerung begnügte:

„Es müße unter Beziehung auf die ältern Verhandlungen und Vorgänge und ſelbſt auf das, was gegenwärtig mit allerſeitigen Einverſtändniß bis jetzo geſchehen, in omnem eventum eben auch quaevis reservanda ausdrücklich vorbehalten"

ſo trat doch Kurböhmen, welches gewiß von dem Vorhaben der Gegner nicht unterrichtet war, ſtets wachſam auf die Rechte ſeiner Mitſtände mit folgender mehr beſtimmten und näheren Gegen-Erklärung auf:

„Beziehet ſich wegen der von Kurſachſen im Nahmen der Stände A. C. ſo eben zum Protokoll gegebenen Erklärung auf dasjenige, was wegen der allgemeinen Befugniß aller Stände des Reichs, ohne Unterſchied zu außerordentlichen Reichs-Deputationen in Gemäßheit des Inſtrumenti Pacis, die Reichs-Deputirte und des ganzen Reichs Bevollmächtigte zu wählen, in den Jahren 1709, 1710, 1741 und 1764, ins Beſondere im Jahre 1774 bey damahliger Rectificirung des Schematis der Kammergerichtlichen Viſitations-Klaſſen in Actis publicis und in den Reichstags-Verhandlungen vorgekommen und damahls von

von dem katholischen Religionstheile durch die Chur- und fürstlichen Directorial-protocollar-Aeußerungen und durch die Erklärung auf den von den Gesandten A. C. nach dem Reichsgutachten vom 3ten Juny 1774 verfaßten Aufsatz standhaft behauptet, und in dessen Gemäßheit auch jetzo in forma comitiali verfassungsmäſſig vollzogen worden ist".

Kursachsen vielleicht auf die schnelle Entschleyerung der unrichtigen Anmaßung und dieser Gegenäußerung von Kurböhmen nicht gefaßt a) und von besseren Gründen verlassen

„bezog sich dermalen, da die Zeit verflossen, auf seine so eben abgelegte Aeußerung, und könne von dem, was die fürtreflich kurböhmische Gesandschaft erkläret, nichts eingestehen und behalte sich vor, da nöthig, sich weiter zu äußern".

Daß auch damit die beyden andern Kurstimmen A. C. einstimmten, verstehet sich von selbst. Kurmainz bezog sich ad Priora. Kurtrier behielt sich eine allenfallsige Aeußerung bevor, Kurpfalz sprach in generalibus wie Kurmainz, Kurböhmen aber bezog sich, da eine noch ausführlichere Sprache unnöthig war, ad priora und behielt sich reservanda bevor.

Diese

---

a) Ich bezweifle sehr, daß die kurfürstliche Herrn Gesandten A. C. diese Gegenerklärung von Kurböhmen erwartet hatten. Die Aeußerungen in einigen der nachherigen evangelischen Konferenzen über schlechte Beobachtung der Geheimnisse, die gewiß ungegründete Vermuthung gegen einige Reichsstädtische Stellvertreter, — der hiemit in Korrespondenz stehende Entschluß wegen noch mehrerer Geheimhaltung aller künftigen von dem Corpore Evangelicorum zu verabredenden Gegenstände lassen wenigstens mit Grund das Gegentheil vermuthen.

Diese standhafte Aeußerung Kurbbhmens wird ein ehrenvolles Denkmal in den Reichstags Akten bleiben und es ist ein neuer Beweiß für die gute innere Einrichtung der Reichstags Kollegien, daß in dem seltnen Falle, wo das Direktorium zu viel vertrauend vielleicht einen Gegenstand weniger bedenklich ansiehet, jedes Mitglied für die Rechte seiner Angehörigen bestimmter sprechen und einer Ueberraschung eine grössere entgegen setzen kann.

Es würde gänzlichen Mangel an Kenntniß des Komitial-Ganges verrathen, wenn man nicht in dem fürstlichen Kollegium ein gleiches Ereigniß suchen wollte, und es bedarf nur eines Blickes, um Magdenburg cum caeteris votis in dem nemlichen Zeitpunkte, wie Chursachsen, vermuthlich mit der Miene der Gleichgiltigkeit, welche man unnachtheiligen Gegenständen beyzulegen pflegt, folgende Erklärung in das Reichsfürstenraths-Protokoll abgeben zu sehen:

„Am Schluße gegenwärtiger Berathschlagung wolle man noch folgendes zum Reichs-Protokoll erklären: wie man dieß Orts bey der Zustimmung zu dem Conclusum Trium vorausgesetzt hat, daß die Art und Weise, wie für diesmahl die Auswahl der von Reichswegen zu dem Friedensgeschäfte zu deputirenden Stände behandelt worden, der Verfassung, von welcher man auf keine Weise abzugehen gedenket, und dem sonst üblichen Herkommen bey Ernennung von Reichs-Friedens-Deputationen einigen Eintrag nicht thun könne".

Mehrere Stände A. C. vereinten sich mit dieser Erklärung. — Das immer wachsame österreichische Direktorium ward durch diese ihm wohl schwerlich vorher mitgetheilte Erklärung, wie es doch sonst meistens nach dem politisch aufrichtigen Komitial

tial Gange zu geschehen pflegt, nicht betroffen; es bezog sich vertrauensvoll auf die gerechte Sache

„wegen der von mehreren vortreflichen Gesandtschaften A. C. so eben zu Protokoll gegebenen Protokollar-Erklärung auf dasjenige, was wegen der allgemeinen Befugniß aller Stände des Reichs ohne Unterschied zu außerordentlichen — wie zu ordentlichen Reichsdeputationen in Gemäßheit des J. P. die Reichsdeputirte und des **ganzen Reichs Bevollmächtigte zu wählen** — in den Jahren 1709, 1710, 1741 und 1764 und ins Besondere im Jahre 1774 bey damahliger Rektifizirung des Schematis der kammergerichtlichen Visitations-Klassen in actis publicis und in den Reichstagsverhandlungen vorgekommen, und damahl von dem katholischen Religionstheil durch die kur- und fürstliche Direktorial-Protokollar-Aeußerungen und durch die Erklärung auf den von den Gesandten A. C. nach dem Reichsgutachten vom 3ten Juny 1774 verfaßten Aufsatze standhaft behauptet, und in dessen Gemäßheit auch jetzt in forma comitiali verfassungsmäßig vollzogen worden ist".

Status catholici traten alle dieser gründlichen Widerlegung bey. Chur hielt mit Recht dafür, daß auch dießmahl die Auswahl der von Reichswegen zu dem Friedensgeschäfte deputirten Stände verfassungsmäßig und nach dem sonst üblichen Herkommen behandelt worden seye. Uebrigens bezog sich demnächst Magdeburg mit den sämtlich einverstandenen A. C. Verwandten Ständen auf die vorhergehende Aeßerung, Oesterreich aber cum statibus catholicis ad Priora.

Das Reichsgutachten kam nun ohne weitere Schwierigkeiten und Rücksicht auf jene Reservationen zu Stande und

und

und unter dem 25ten August 1795 zur Diktatur. So ward also durch die drey Reichskollegien ohne gesetzwidrige Sonderung zweyer Religionstheile die Wahl einer außerordentlichen Deputation in der gehörigen Form vollendet, und der allerhöchsten kaiserlichen Ratifikation, welche auch unter dem neunten September nemlichen Jahres erfolgte, anheim gestellt.

Hier kann ich unmöglich die Bemerkung übergehen, daß der Schluß dieses Reichsgutachtens gegen die Natur der Sache selbst und das Herkommen eine Abänderung erhalten hat, welche lediglich aus einem in dem ausgebreiteten Geschäftskreise der Reichs-Direktorial-Kanzley leicht möglichen Versehen beym Entwurfe herrühren kann — ein Fehler, der vielleicht nicht so allgemein bemerkt, auf das für die Konstitution so wohlthätige reichsoberhauptliche Ratifikations-Recht einen widrigen Schluß in der Folge hätte veranlassen können, wenn nicht das Reichsoberhaupt durch den scharfen Blick des Reichsministeriums veranlasset, Selbst zum allerunterthänigsten Danke des Reichsdirektoriums denselben auf die beßte Art verbessert hätte.

Der Schluß des Reichsgutachtens ist in folgenden Ausdrücken abgefaßt:

„Als welches somit an Ihro Römisch Kaiserl. Majestät anderweit, wie hiemit geschiehet, allerunterthänigst mit dem Anhange zu bringen wäre, daß man nicht unterlassen würde, über die noch rückständigen übrigen Punkte des kaiserlichen allerhöchsten Hofdekretes die Berathschlagung ohne Aufenthalt fortzusetzen".

Ganz abweichend ist dieser Schluß, wie man bey dem ersten Blicke bemerken kann, von dem herkömmlichen Formular kare der Reichsgutachten. Die Ausdrücke sind von der Art, daß sie kein Gutachten, welches einer kaiserlichen Genehmigung anheimgestellt wird, sondern nur eine Notifikation bezeichnen und daher selbst mit der Wesenheit und dem beygelegten Nahmen im Widerspruche stehen. — Daß sich das kaiserliche Ratifikationsrecht auch über diesen Gegenstand erstrecket, ist wohl mit guten Gründen schwer zu bezweifeln b), und selbst die jüngeren Fälle dieser Art c) liefern hierüber einen

---

b) S. Putters Versuch einer richtigen Bestimmung des kaiserlichen Ratifikationsrechts bey Schlüssen reichsständischer Versammlungen mit hinzugefügten widerlegenden Beobachtungen. Wien 1769.

c) Das vorläufige Reichsgutachten vom 8ten August 1766, in welchem zu Ersetzung der Stellen bey der außerordentlichen Kammergerichts-Visitation Bremen und Nürnberg vorgeschlagen werden, drückt sich am Ende also aus: "Uebrigens wäre diese über vorstehende Puncten gefaßte vorläufige und präparatorische Entschließung durch ein Reichsgutachten (wie hiemit geschiehet) an Sr. kaiserlichen Majestät zu bringen und Allerhöchstderoselben erforderliche Genehmigung unter der beyfügenden Versicherung zu erbitten, daß man in diesem gemein erspriesslichen und hochangelegenen Geschäfte die durch weitere Berathschlagung noch zu erledigende Punkte auch mit patriotischem Eifer und nach Maßgab der vorhandenen Gesetze zu einem baldigen gedeihlichen Schluß zu bringen — möglichst bedacht seyn werde". — Die Ratifikation erfolgte wirklich unter dem 17ten November 1766.

Das Reichsgutachten vom 5ten Juny 1774 die Berichtigung des Präsentations-Schematis zur außerordentlichen Visitation des Kammergerichts betreffend, ist von gleicher Art. "Als man in allen dreyen Reichs-Collegiis (sind die Worte desselben) wegen Ergänzung des im Jahre 1654 errichteten, dem jüngsten Reichs-abschiede beygefügten, indessen aber durch mancherley Veränderungen und Zufälle mangelhaft gewordenen Schematis der außerordent-

nen so unleugbaren hinreichenden Beweiß, daß diese Abänderung lediglich nur durch ein Uebersehen beym Entwurf veranlaßt seyn kann. Man scheinet die Sache auch am kaiserlichen Hofe nur aus diesem Gesichtspunkte angesehen zu haben; denn in dem Ratifikations=Dekrete

„geruhen Sr. Kaiserl. Majestät dieser reichsgutachtlichen Ernennung hiemit allerhöchst Ihro reichsoberhauptliche Genehmigung in der festen reichsväterlichen Zuversicht allergnädigst zu ertheilen, daß die nunmehr durch einen allgemeinen Reichsschluß eines ausgezeichneten Vertrauens gewürdigten Deputirten Stände, dem großen Erhaltungs=Gesetze der Einheit und Gesammtheit des deutschen Reichs in pflichtmäßiger Verbindung mit dessen Oberhaupte unverrückt getreu, auch das gemeinsame Interesse und Wohl des deutschen Vaterlandes durch ihre verfassungsmäßige Mitwirkung zur Besorgung der großen Reichsfriedens=Angelegenheit mit patriotischer und deutscher Standhaftigkeit bestens unterstützen und befördern werden".

Möge

---

sämtlichen Reichs=Deputationen zur Visitation des Kaiserl. und Reichskammergerichts, und daselbstiger Vornehmung der Revisionen, und insbesondere zwar darüber, was in der zweyten und den darauf folgenden Klassen zu ersetzen und zu ändern seyn möchte, Berathschlagung gepflogen, sich auch wirklich darüber einverstanden hat: so ist dafür gehalten und beschlossen worden, daß diese getroffene Ersetzung der erledigt gestandenen Stellen nebst den sonstigen Abänderungen, mit Hinzufügung der ersten vorhin richtig gestellten Klasse, in ein sämtliche fünf Klassen enthaltendes Verzeichniß zu bringen, und solches mit dem Reichsgutachten an Se. Kaiserl. Majestät zur erforderlichen Genehmigung allergehorsamst (wie hiemit geschiehet) gelangen zu lassen wäre". — Das Hofratifikations=Dekret erfolgte unter dem 4ten August des nemlichen Jahres.

Möge doch dieser fruchtbare Saamen nicht da und dort auf ein dürres Erdreich gestreuet seyn und diesem längst vollendeten Reichsschlusse durch mehr vereinte Kraft bald eine Wirkung gegeben werden, die ihm der Feind der deutschen Ehre nur dann beylegen wird, wenn seine zerstörende Absichten gänzlich erreicht sind!

Diese bisher aktenmäßig angeführten Ereignisse [bey der jüngsten Wahl einer außerordentlichen Reichsdeputation veranlaßten einen sogenannten deutschen Rechtsgelehrten die den vorgekommenen wechselseitigen Reservationen zum Grunde liegende Frage:

Ob bey der Wahl außerordentlicher Reichsdeputationen die Mehrheit der Stimmen in jedem Kollegium der Reichsversammlung die zu deputirenden Stände bestimmen könne, oder ob die Wahl der katholischen und evangelischen Stände, jene vom katholischen diese vom evangelischen Religionstheile abhange? ....

mit einer sehr unanständigen Feder zu untersuchen d). Er begnüget sich nicht, mit dem ruhigen Forschungsgeiste eines wahren Gelehrten zu prüfen, sondern er tritt als der heftigste Partheygänger in einem

---

d) Der Titel der Abhandlung ist: Staatsrechtliche Bemerkungen eines deutschen Rechtsgelehrten über die Wahl der Reichsdeputirten zu dem künftigen Friedens-Congreß. Aus Gelegenheit der von Magdeburg am 21ten Aug. 1795 im Reichsfürstenrath zum Protokoll gegebenen Reservation. Germanien 1796. Dagegegen erschienen einige Bogen mit der Aufschrift: Einige polizeymäßige Bemerkungen über die staatsrechtlichen Bemerkungen eines deutschen Rechtsgelehrten über die Wahl der Reichsdeputirten zu dem künftigen Friedens-Congresse. Germanien 1796. — Dem Titel getreu werden in dieser Schrift lediglich die polizeywidrigen Ausdrücke und unanständige Beschuldigungen gerügt.

nem Zeitpunkte auf, wo Alle nur für eine Stimmung — Vereinigung der Kräfte zu Rettung des deutschen Vaterlandes — sich bemühen sollten. Er sucht auf der Seite seines Religionstheiles ein ungegründetes Mistrauen zu erregen — Einen der edelsten Fürsten Deutschlands mit einer niedrigen Sprache im Angesichte des unbefangenen deutschen Publikums verdächtig zu machen — einen Reichskrieg, den nur Selbsterhaltung abgedrungen hat, in einem Bilde darzustellen, welches nur Religionstrennung zeigt, da es hier doch nur um Erhaltung einer Religion und eines Vaterlandes gelten soll, kurz sein höchstes Bestreben ist es, die vorgegangene Wahl der Deputirten sowohl auf rechtlicher als auch politischer Seite anzugreifen und dadurch ihre künftigen Bemühungen bey einem großen Theile des deutschen Publikums verdächtig zu machen, oder wohl gar, wenn der Zeitpunkt eintreten sollte, zu neuen Bewegungen gegen die bestimmte Deputation dasjenige beyzutragen, was hierüber die Kräfte eines die würtenbergische Gesandschafts = Kanzley besuchenden Praktikanten vermögen. Der zweifache Gesichtspunkt, den sich der Hr. Doktor Sattler e) ausersehen hat, bestimmt mich daher, die vorgegangene Wahl in staatsrechtlicher und politischer Hinsicht zu erörtern und die von Ihm sowohl gegen den rechtlichen Gang dieses Geschäftes, als auch gegen die Aufrichtigkeit und gute Absichten bey desselben Bestimmung geäußerte Meinung zu widerlegen. Daher

I.

---

e) Derselbe wird mir verzeihen, wenn ich Ihn, da Er ohnehin allgemein bekannt ist, der Kürze wegen künftig nenne und es wäre auch wirklich vortheilhafter für Dessen eigne Ehre, wenn Er nun unter eigener Firma vor dem deutschen Publikum auftreten und sich rechtfertigen würde.

I.

Staatsrechtliche Prüfung der jüngsten Wahl einer außerordentlichen Reichs=Friedens= Deputation.

Um dieselbe desto gründlicher unternehmen zu können, wende ich mich vorderfamst zur

A. Kurzen Geschichte der bisherigen vorzüglicheren Wahlen außerordentlicher Reichsdeputationen.

§. 1.

Wenn wir die Geschichte aller bisher eingetretenen außerordentlichen Deputationen mit einem aufmerksamen Blicke durchgehen, so bestätiget es sich deutlich, daß der Regel nach nur von dem gesammten Reichstage nach der herkömmlichen Ordnung die Wahl der Deputirten geschah, und nur in besonderen Fällen mit Einwilligung des interessirten Theiles eine Ausnahme Statt hatte. Man suchte zwar protestantischer Seits diese besondere zuweilen eingetretene Verwilligung durch Reservationen und Separat=Schlüsse in der Folge zu einem bleibenden Rechte zu erheben: allein vergeblich waren diese Bemühungen, wie die einzelnen Fälle vor, während und nach dem westphälischen Frieden als die besten Belege deutlich zeigen werden.

Selbst

Selbst die Gegner müssen eingestehen, daß vor dem westphälischen Frieden ohne den geringsten Anstand die Deputirte zu ordentlichen sowohl als außerordentlichen Deputationen immer promiscue und ohne Unterschied der Bänke gewählet wurden. Von dem Reichsabschiede vom Jahre 1548, in welchem wohl die erste Spuren einer Reichsdeputation zu finden sind, bis zum westphälischen Frieden ist nur diese Art der Wahl zu finden. Die Reichsabschiede von 1555, 1557, 1559, 1570, 79 und 94 mögen hierüber die Beweise seyn. Selbst der Reichsabschied von 1559, der den Unterschied zwischen ordentlichen und außerordentlichen Deputationen begründet, kennt bey beyden nur eine — die verfassungsmäßige Bestimmungsart. Noch deutlichere Beweise finden wir in den Reichsfürstenraths-Protokollen von den Jahren 1640 und 41, wo bey Gelegenheit der Vermehrung der Reichsmiliz die desfallsige außerordentliche Deputation durch die Mehrheit der Stimmen in der herkömmlichen Art benannt ward f).

§. 2.

Der westphälische Friede war bekanntlich diejenige Epoche, in welcher die A. C. Verwandte Stände alle ihre Absichten zu erreichen suchten. Was irgend nur auf eine billige Art verlangt und behauptet werden konnte, ward gewiß in diesem Zeitpunkte nicht versäumt. Auch ihr allenfallsiges Interesse bey eintretenden Reichsdeputationen entgieng ihrem forschenden Blicke nicht; allein sie verlangten nur Religionsgleichheit bey der Zahl der Deputirten und sie beriefen sich auf die Vernunft, natürliche Billigkeit und selbst auf die Reichsverfassung, um bey Deputationen, die keine Religionsgegenstände betreffen, gegen die bisherige Observanz den Grundsatz
der

---

f) C. Londorp. T. V. Act. publ. l. 1. c. 10. p. 231.

der Gleichheit durchzusetzen. Die Verhandlungen hierüber g) zeigen deutlich, daß die Art der Wahl der Reichsdeputationen nach dem bisherigen konstitutionsmäßigen Gange keineswegs für eine Beschwerde gehalten, und derselben mit keiner Sylbe gedacht ward. Der nach ihren Wünschen eingerichtete §. 51 des V. Art. des westphälischen Friedens, von welchem ich unten handeln werde, entschöpfte alles, was man ihrer Seits verlangt hatte.

Während den westphälischen Friedenshandlungen selbst wurde zu Beylegung der zwischen den hessischen Häusern fortdauernden Streitigkeiten eine außerordentliche Deputation nach der bisherigen Observanz promiscue erwählet. Der Brandenburg-Kulmbachische Gesandte berichtet in einem Protokollar-Extrakte von den desfallsigen Berathschlagungen „daß das Conclusum endlich dahin gegangen seye, es sollten certi Deputati von dreyen Reichs-Collegiis verordnet werden, welche erstlich bey denen Herrn Kaiserlichen um Information, worauf dieselbe Traktaten bestehen, bitten, dann nach Befindung derselben sowohl Hessen-Kassel als Darmstadt in loco tertio vorbescheiden und zu Gemüth führen sollten, daß sie sich beyderseits besser zum Zweck legen, und zu gütlicher Unterhandlung verstehen, wobey Churfürsten und Stände das Ihrige mit beytragen und cooperiren wollten, damit diese fürstlichen Häuser wiederum zu guter Einig- und Vertraulichkeit gebracht werden möchten, doch, daß es ohne Nachtheil und Schaden der Stände geschehe, auch der im Reich bekannten Erbvereinigung und Erbverbrüderung unpraejudicirlich seyn solle. — Zu Deputatos seynd eligiret Kur-Mainz und Kur-Bayern

(wei-

---

g) S. Mejern Acta pac. Westphal. Th. I. S. 25. II. S. 351. 563. 564. 572. Th. III. S. 177. 433. IV. S. 106. 127. 150. 202. 546. 574.

(weilen sich Kur=Sachsen und Kur=Brandenburg mit der nahen Anverwandtniß und der Erb=Verbrüderung entschuldiget), aus dem Fürstenrath auf der geistlichen Bank Oesterreich, Bamberg und Prälaten; von der weltlichen Bank Sachsen=Altenburg, Braunschweig, Fränkische Grafen. g) — Das Protocollum monasteriense Senatus Principum vom 23ten Juny 1647 drückt sich hierüber aus: „am Ends und nachdem man rings umher votiret, seynd die majora dem neuburgischen Voto beygefallen. Darauf wurde die Re und Correlation zwischen den drey Reichs=Collegiis per Deputatos extraordinarios in loco tertio neben dem khurfürstlichen Gemach vorgenommen und einmüthig dafür gehalten, daß durch die beliebte *extraordinari Deputation* sich bey den Herrn Kaiserlichen, wie weit die Sache gebracht und wohin die Ansprüche zu stellen, zu informiren"

§. 3.

Bald nach dem westphälischen Frieden — auf dem Reichstage von 1653 ist den 26ten März in der ersten außerordentlichen Sitzung ganz nach der bisherigen Observanz eine außerordentliche Deputation erwählet worden. „Würde demnach, drückt sich die österreichische Proposition aus, die Deliberation jetzo auf nachfolgenden Fragen bestehen 1) ob und welchergestalt an die Königinn in Schweden zu schreiben rc. Conclusum *per majora* ad 1) daß man das Ermahnungs=Schreiben an die Königl. Majestät in Schweden sollte abgehen lassen, die Abfassung dem Kur=Mainzischen Directorio anheimgeben jedoch, daß das Concept vorher communicirt würde. — — Obigem Conclusum hat das churfürstl. Collegium

---

h) S. Mejern Acta pac. westph. Th. 4. S. 633, wo auch die ausführlichen Protokolle hierüber zu finden sind.

legium und der Städte Rath auch Beyfall geben, und seynd aus dem Fürstenrath Oesterreich, Salzburg, Bayern, Würzburg, Aichstädt, Sachsen-Altenburg, Culmbach, Braunschweig und Wolfenbüttel deputirt worden, worauf den 21. März das an die Königl. Majestät in Schweden im Nahmen Jhro Kaiserl. Majestät abgefaßte Schreiben verlesen und ihre monita dabey admittirt worden i).

In der siebenten außerordentlichen Sitzung dieses Reichstages vom 7ten May bis 27ten April, wo über eine Deputation, welche die Monita der Fürstlichen zur kaiserlichen Wahlkapitulation zusammentragen sollten, berathschlaget ward, war der erste Fall einer Ausnahme von dem bisher gewöhnlichen Gange. Mehrere der katholischen Stände trugen selbst darauf an, daß man die Ernennung der Deputirten beyden Religionsverwandten **heimstellen** könne, wie wir aus dem Conclusum per Salzburg: "es seyen Deputati pari numero 6 oder 7 aus beyden Religionen zu erwählen, und deren Denomination beyden Religionsverwandten **Heimzustellen**, welche selbst untereinander sich würden zu vergleichen wissen k)," hinlänglich ersehen. Kostanz erinnerte mit Beyfall mehrerer Stände ausdrücklich in seinem Voto, daß diese Heimstellung dem alten Herkommen und dem Friedensschluß zuwider wäre l); da man aber eine freywillige Heimstellung mit Recht als unbedenklich ansehen konnte, so ließ es die Mehrheit der Stimmen bey dem von katholischer Stände Seite selbst gemachten Antrage dieser Art der Benennung bewenden.

Die

---

i) S. v. Mejern Act. Comit. Ratisbon. T. I. p. 64.
k) Verg. Schauroth Concl. Corp. Ev. T. I. p. 414.
l) S. Schauroths Concl. Corp. Ev. T. I. p. 445.

Die 11te außerordentliche Sitzung vom 14ten May zeigt gleich hierauf am beßten, daß man weder katholischer, noch protestantischer Seits damalen die Meinung gehabt habe, daß jedem Religionstheile die Wahl der Deputirten an und für sich zustehe; denn, als in dieser Sitzung das Direktorium zur Umfrage stellte, ob nicht in der Vechtischen Sache statt der Kreis eine Reichsdeputation beliebt werden wolle, votirte Deutschmeister auf eine Reichsdeputation und zwar von der geistlichen Bank auf Salzburg, Münster, Osnabrück, Prälaten; von der weltlichen, Bayern, Sachsen, Zweybrücken, Brandenburg, Wolfenbüttel, Würtenberg und die wetterauische Grafen. Unter mehreren andern waren **Sachsenweimar, Sachsengotha, Sachseneisenach** ꝛc. damit einverstanden m).

Den 20ten May in der zwölften außerordentlichen Sitzung proponirte das österreichische Direktorium: „Betreffend des Kammergerichts Unterhalt und Ersetzung wäre den Deputatis bedenklich gefallen, daß solche allein von den aus den sieben Zahl=Kreisen Deputirten vorzunehmen, sondern hielte davon, daß ex toto Collegio eine Deputation dieserwegen zu machen, maßen denn aus dem Kurfürstlichen Collegio dazu deputirt wären: Mainz, Bayern und Pfalz, von den Städten Regensburg, Cölln, Nürnberg, Frankfurth und Ulm; wäre also noch übrig, daß aus dem Fürstenrath auch eine absonderliche Deputation hiezu gemachet würde, und könnten die Deputati, soviel die Salaria und den Unterhalt belangte, nach Anleitung des Provisional=Abschiedes, so zu Speyer im Jahre 1651 abgefaßet, darin verfahren". — Conclusum. „Betreffend des Kammergerichts Unterhalt und Ersetzung müßte davon nach Anleitung des Instrumenti Pacis und mit Vorbehalt,

---

m) Hanniges Meditationes ad I. P. O. M. Mantissa L pag. 44.

behalt, was darinnen sowohl der Katholischen als Augsburgischen Confessions=Verwandten zu gute ausbedinget, per deputationem extraordinariam, wobey doch die ordinari deputati nicht auszuschliessen, praeparatorie deliberiret werden, doch daß von denselben kein Schluß gemacht, sondern alles vorhero in pleno referirt würde. — Deputati von der geistlichen Bank: Oesterreich, Salzburg, Bamberg, Würzburg, Kostniz, Münster, Weingarten. Von der weltlichen Bank, Bayern, Sachsen=Altenburg, Braunschweig=Wolfenbüttel, Pommern, Würtenberg, Hessen und ex Comitibus Fürstenberg, quibus postea, ut par numerus utriusque religionis esset, additi: Kulmbach, Meklenburg, Anhalt und Wetterauischer Grafen Abgesandte". In diesem Konklusum, wie wir es nebst der Proposition bey Meyern n) finden, ist zwar nicht angegeben, wie die Ernennung dieser Deputations=Adjunktion geschah; allein aus einem Auszuge des desfalsigen Protokolles bey Schauroth o) ersehen wir, daß Katholischer Seits denen der Augsb. Konfession frey gestellet wurde, ob und welche sie aus ihren Mitteln dazu benennen wollten. Es geschah dieß, wie das Salzburgische Direktorium in einer Antwort an die Herren Augsburgischen Konfessions=Verwandte unterm 26ten Sept. 1710 nach dem Geiste der desfalls hierüber verglichenen Reichsfürstenraths=Protokolle vortrefflich bemerkte: „der Kürze halber und zu Ersparung einer anderweiten Umfrag" p).

§. 4.

---

n) In den Act. Comit. ratisbon. T. I. p. 204.

o) In Concl. Corp. evangel. T. I. p. 414.

p) S. Schauroths Concl. Corp. evangel. T. I. p. 446.

§. 4.

Immittelst wurde der Reichstag selbst durch die kaiserliche Proposition vom 20ten bis 30ten Juny des nämlichen Jahres eröffnet. In der sechsten Sitzung vom 29ten July proponirte das österreichische Direktorium: „Man würde sich erinnern, was wegen des pohlnischen, engelländischen und lothringischen Gesandten Anbringen die Stände sich entschlossen, in allen drey Colegiis re= und correferiret, die conclusa zu Papier gebracht, und per Dictaturam communiciret worden, wollte demnach nöthig seyn, daß die Stände sich erkläreten, ob sie damit einig oder noch etwas dabey zu erinnern hätten 2) welcher Gestalt dieselbe an Kaiserl. Majestät zu bringen, an per Directoria, an per Deputatos; ec. — Hierauf wurde von dem vorgedachten Directorio nach gehaltener Umfrage loco conclusi gemeldet: „daß über die proponirten Fragen die Stimmen folgender Gestalt ausgefallen, daß ad 2) dafür gehalten würde, daß diese Sachen nicht von so grosser Importanz, die Conclusa in der pohlnischen und engelländischen Sache abschlägig wären, die Lothringische aber ad tractandum noch ausgesetzet, die Ueberreichung, um Ihro Kaiserl. Majestät mit grosser Mühe zu verschonen, wohl durch eine enge Deputation, als nämlich *von jeder weder Bank* nur drey verrichtet werden, und man ratione noviter adjunctorum wohl eine ambulatoriam Deputationem verstatten könnte." q) Sachsen=Altenburg, Kulmbach und die Braunschweigischen votirten ex parte Catholicorum auf einen *Prälatischen* r). — Noch sah man also immer die Ernennung der Deputirten als einen kollegialischen Gegenstand an, zu dessen Bestimmung die protestantische Stimmen selbst konkurrirten.

B 2 Der

---

q) v. Mejern a. a. O. S. 341.
r) S. v. Mejern a. a. O.

Der nämliche Reichstag liefert noch einen weitern Beytrag zu der Geschichte der Art der außerordentlichen Deputationswahlen. Den 10ten und 20ten März 1654 proponirte der österreichische Direktorial-Gesandte, „daß Kaiserl. Majestät gerne vernehmen wollten, was Kurfürsten und Stände ratione futurae securitatis vor Mittel an die Hand nehmen würden". Bayern stimmte auf eine Reichsverfassung und Revision der Exekutions-Ordnung durch außerordentliche Deputirte, welche es auch in seinem Votum aus den besondern Kreisen gleich benannte. Alle stimmten demnächst nach herkömmlicher Ordnung promiscue über die zu bestimmenden Deputirte. Es ist vorzüglich bemerkenswürdig, daß Magdeburg sich mit Bayern konformirte, mit dem Zusatze, daß aus dem Obersächsischen Kreise Altenburg mögte mit zugezogen werden. Bremen, Lauterek, Altenburg, Koburg, Weymar, Gotha, Eisenach, Kulmbach, Onolzbach, Würtenberg, Henneberg adhärirten im wesentlichen, besonders in Rücksicht der Personen der magdeburgischen Stimme — andere schlossen sich hierüber an die Majorität an. Keiner der Votanten erwähnte der Behauptung, daß ein jeder Religionstheil seine Deputirte ernennen müsse; Hinterpommern, Halberstadt und Minden erklärten aber, daß wenn eine Revision der Exekutions-Ordnung per Deputatos sollte vorgenommen werden, vor allen Dingen paritas religionis und aequalis numerus ex circulis dabey müsse observiret werden s). „Betreffend nun diejenigen, (sind die Worte des hieudächst erfolgten Konklusums), so hierzu im Nahmen gesammter Stände zu deputiren, bleibe dem Kur-Rhein, wie auch dem Oesterreich- und Burgundischen Kreise heimgestellet, wer ihrenthalben zu dieser Deputation verordnet werden möchte; aus den andern Kreisen wären die ausschreibenden Fürsten, und in Dero Nahmen ihre anwesende Gesand-

---

s) S. v. Mejern a. a. O. Th. I. S. 1023—29.

Gesandschaften zu verordnen; doch hiebey eine gleiche Anzahl von beyden Religionen zu observiren; und werden sich beyde Theile, was von jeder Religion aus ein und andern Kreisen zu Erhaltung der Parität für weitere Stände beyzuordnen seyn, zu erklären wissen" t).

Das kurfürstliche Kollegium ernannte seine eigene Deputirte. Das Conclusum desselben vom 10ten bis 20ten März drukt sich hierüber dahin aus: „Damit aber diese Sache reiflich überlegt und bald expedirt werde, so sollten etliche von Kurfürsten und Ständen dazu dergestalt deputirt werden, daß sie nach der Reichsexekutions=Ordnung und gegenwärtigem Zustand das Werk fleißig erwegen, und was gut befunden wird, zu endlicher Schliessung in pleno referiren und hat man an Seiten des Kurfürstlichen Collegii zu solcher Deputation neben dem Reichs=Directorio Kurbayern, Sachsen und Brandenburg benannt" u).

§. 5.

Noch ereignete sich vor der gänzlichen Beendung dieses Reichstags eine Gelegenheit zu Aeußerungen selbst von Seite der Protestanten, welche uns vollkommen von ihrer Denkungsart in Hinsicht dieses Gegenstandes überzeugen.

Der Kaiser hatte auf den 20ten April 1754 seine Abreise von dem Reichstage bestimmt; da es aber nicht möglich war, in dieser kurzen Zeit alle spezifizirte Materien so abzuhandeln, daß ein ordentlicher Reichsschluß hierüber zu Stande

---

t) v. Mejern S. 1030. Num. IV.
u) v. Mejern S. 1033. Num. I.

de komme, so äußerte derselbe unterm 19ten März seine Willensmeinung dahin, daß alle übrigen Punkte auf eine andere Reichsversammlung sollten verschoben werden. Viele Reichsstände waren mit diesem Kaiserl. Entschluß nicht so ganz zufrieden. Bey der deßfalls gepflogenen Deliberation in dem Fürstl. Kollegium unter dem 11ten März 1654 votirte unter andern Magdeburg:

„Weiln unmöglich wäre, die vorgenommenen Materien in so kurzer Zeit zu Ende zu bringen; dem Reich aber daran gelegen, daß keine Semina Discordiarum zurück gelassen, noch den fremden Kronen einige ombrage, als wenn man demjenigen, so im Instrumento Pacis enthalten, nicht nach kommen wollte, gegeben würde: Als wären Jhro Kaiserl. Majestät allerunterthänigst zu ersuchen, daß Sie sich etwa noch drey Monathe allhier aufhielten, oder, da ja deren Gesundheit solches nicht zuließe, den Röm. König mit Vollmacht hinterlassen möchten, damit alles zu gutem Ende gebracht würde; Weiln auch die Reformation der Polizey=Ordnung und die eingekommene Supplicationes per Deputatos für die Hand zu nehmen, als benennte er zu der Polizey=Ordnung von den Katholischen Teutschen=Meister, Speyer, Würzburg, Straßburg, Augsburg: von den Evangelischen Pfalz=Simmern, Zweybrück, Lautereck, Weymar, und Gotha; zum Supplikations=Rath von den Katholischen Freysingen, Paderborn, Stablo, Prüm und Schwäbische Grafen ꝛc.

Böh=

Böhmen, Pfalzlautereck, Oesterreich, Kulmbach, Onoltzbach in Ansehung der Polizey-Ordnung wie Magdeburg, viele Andere ad majora v). Ein neuer Beweiß, daß mehrere der ansehnlichsten protestantischen Stände fortdauernd auch noch nach dem westphälischen Frieden keine einseitige Wahl fordern zu können sich berechtigt glaubten.

§. 6.

Der noch währende Reichstag bestätiget gleich bey dem ersten Antrage zu einer Deputation die bisherige Observanz; denn ohne Widerspruch wurden im Monathe May 1663 sowohl katholische, als protestantische Deputirte, — **Bremen, Pfalzbayern** und **Halberstadt** — zu einer solchen durch ein gemeinschaftliches Konklusum erwählet w).

Es ist aus der Geschichte bekannt, daß im Jahre 1681 ein Kongreß mit Frankreich nach Frankfurt bestimmt ward. Bewegende Ursachen — der Wunsch nämlich, daß dieses Geschäft möglichst beschleuniget, durch eine förmliche Komitialdeliberation über die Bestimmung der Deputations-Mitglieder nicht verzögert werde — gestatteten diesmal, wie es bereits schon in ähnlichen Fällen geschehen war, eine Ausnahme. Da sich aber inzwischen schon die Absicht der protestantischen Stände, ein einseitiges Wahlrecht ihrem sogenannten Corpori Evangelicorum in Ansehung der **A. C.** Verwandten Stände beylegen zu wollen, entwickelt hatte, so suchte man sich katholischer Seits bey dieser abermahligen Ausnahme wohl zu verwahren, wie die Fassung des Konklusums:
„Gleich-

---

v) v. Mejern S. 1035 u. f.

w) S. den bereits angeführten Herniges S. 31.

„Gleichwie man eine enge und in wenig Personen bestehende Deputation aus bewegenden Ursachen und niemanden an seinen kompetirenden ordinären Deputationsrechten nud sonsten im geringsten nachtheilig vor diesmahl am zuträglichsten erachtet" ꝛc., die Stelle des beßten Beweises vertritt x).

Salzburg äußerte Mittwochs den $\frac{4}{14}$ März des nämlichen Jahres zu Protokoll: „demnach man sich dahin verglichen, daß für dießmahl und ohn Consequenz ein jeder Theil die seine a part zu deputiren hätt; als wären katholischer Seiten per majora denominiret worden, Oesterreich und Bamberg. Magdeburg erklärte hierauf: Welchergestalt katholischen Theils gewisse Deputirte jedoch ohne Consequenz benennt worden, hätte man vernommen, und ließe die deswegen gethane Reservation dahin gestellet seyn. Evangelischer Seiten wären denominiret worden, Pfalz-Lautern und einer vom Fürstlich Braunschweigischen Hause, wie man sich deswegen in demselben vergleichen würde". Freytags den $\frac{6}{16}$ März erklärte Magdeburg zu Protokoll: „Es würde an dem seyn, daß die Herrn Catholici unvorgreiflich unter sich fest stellen, ob sie drey Deputatos, als Oesterreich, Bayern und Bamberg haben wollten, so würden die Herren Evangelische dergleichen thuen und auch noch einen aus ihrem Mittel eligiren und nominiren. — Oesterreich:„ Stellte dahin, ob nicht die vorige Deputirte dahin zu erläutern, daß nämlich Oesterreich Salzburg oder Bamberg und Bayern Katholischen Theils und an Seiten der Augsburgischen Confessions-Verwandten neben den bereits beliebten noch einer aus dem fürstl. Hause Sachsen dieselbe seyn sollten. Pfalzlautern erwiederte zwar: Evangelici hätten neulich die Ihrige unter sich allein benennt, wollten auch jetzo den dritten vorschlagen, wann nur Catholici

---

x) S. Londorpii Acta publica T. XI. p. 299.

ei sich wegen der Jhrigen eines gewissen vereinbarten"; allein Oesterreich setzte gründlich entgegen: „Es hätte ja Pfalz-Lautern, Anhalt und Pfalz-Veldenz in Specie sich gefallen lassen, daß Bayern zur Deputation mit kommen möchte, wie solches das Protokoll geben würde, und würde dahero man auch dem andern Theil um so weniger verüblen können, wenn sie ihre Vota geben." — Pfalz-Lautern wollte zwar die obige Aeußerungen nur auf die Zahl gelten lassen; allein diese Behauptung ist nicht aktenmäßig begründet. In der samstägigen Session vom $\frac{12}{13}$ März erfolgten wechselseitige allgemeine Reservationen y).

§. 7.

Bey den Berathschlagungen über die Ernennung der außerordentlichen Deputation zum ryswiker Frieden traten die A. C. Verwandte Stände mit der vollen Behauptung eines einseitigen Wahlrechts auf, und nun sollten die wenigen bisher mit Einwilligung des interessirten Theiles geschehene Ausnahmen als Regel gelten. Unvermuthet ohne vorherige verabredete Ueberlassung, wie sich Salzburg in der aus dem Reichs-Fürstenraths-Protokolle ausgezogenen Darstellung der bisherigen Fälle im J. 1704 ausgedruckt hat z), „verglichen sich die Herrn Protestirende voreilig ihrer Deputandorum; allein das österreichische Directorium ahndete solches publice." Um nun die einmal doch unternommene Handlung nicht zernichtet zu sehen, ward protestantischer Seits erkläret, daß es zu Beschleunigung der Sache geschehen seye, daher

das

---

y) Im Chur- und Fürstlichen Konklusum vom 12ten Aug. werden die Deputirte die vom gesammten Reiche Erkiesie genannt. S. Londorp Th. II. S. 319.

z) Schauroth Th. I. S. 426.

das österreichische Direktorium unterm ⅖ May zu Protokoll bemerkte: „Nachdem zu vernehmen gewesen, welchergestalten die Herren Protestirenden Stände dieses Hochlöbl. Fürstl. Collegii Ihre Deputandos zur bevorstehenden Reichs-Deputation seorsim sollen überleget und benennet haben, und man aber gewünschet, daß solches als eine pure politische Sache in dem Fürstenraths-Collegio vorgangen wäre, allermassen die raetroacta ergeben, daß dieses mehrfältig also geschehen: Dieweil man jedoch dabey verstanden, daß es allein zu Facilitirung des Werks angesehen: als hätte man auch nicht unterlassen, von Seiten der Herren Katholischen sich gleichergestalt zusammen zu thun, und über diesen Punkt zu conferiren, sich auch eventualiter gewisser Deputandorum verstanden, jedoch ohne endlichen Schluß und auf Approbation Ihrer gnädigsten Herren Principalen und werde man kein Bedenken tragen, solche allhier zu proponiren, dabey aber wäre expresse ad Protocollum zu bedingen, daß, nachdem res ex Parte Protestantium nicht mehr integrae seyn, selbiges in keine Consequenz gezogen werden solle a). — Magdeburg bezog sich zwar auf die Akten der vorderen vorgefallenen Deputationswahlen, und wollte dem jüngsten Falle von 1681 jene Wendung geben, welche damahlen Lautern so mühsam gesucht hatte; allein das oesterreichische Direktorium berief sich „ad fidem Protocolli", und in wie weit es dazu Grund hatte, zeigt die bisherige kurze Geschichte der Deputationswahlen.

§. 8.

---

a) Schauroth Th. I. S. 306.

§. 8.

Auch dieses Jahrhundert liefert nicht seltne und wichtige Belege zu der Geschichte der Wahlen außerordentlicher Reichsdeputationen.

Schon im Jahre 1705 gab das Vorhaben einer außerordentlichen Kammergerichts-Visitation Gelegenheit zu einem heftigen Kampfe. Nie hatte man noch die ganze Materie von allen Seiten so ausführlich erörtert, als bey dieser Gelegenheit, daher denn auch die wechselseitige Deduktionen fast das meiste enthalten, was sich auch jetzt noch zu Gunsten des Für oder Dawider sagen laßt, wie die Folge noch näher zeigen wird. — In der Session des Fürstenraths vom 20ten Jany obigen Jahres erklärte Magdeburg sein Befremden, daß man katholischer Seits wider das Herkommen auf evangelische Deputirte stimmen wolle und daß man es nie zugeben werde, daß dieser Gegenstand ein commune Deliberandum werde. Salzburg bezog sich auf die Akten und behofte daher, daß man es um so mehr, als es keine Religionssache wäre, dabey würde bewenden laßen; allein Magdeburg blieb bey den Protestationen und nach der Entfernung der katholischen Gesandten traten die Evangelische zusammen, um ihre Deputirte zu ernennen b). Merkwürdig und aufklärend ist gewiß die von dem Salzburgischen Direktorium hierauf unter dem ersten Oktober zu Protokoll gegebene kurze und gründliche Ausführung der Rechtmäßigkeit des gemeinschaftlichen Wahlrechtes, daher ich es nicht überflüßig halte, solche hier nach ihrem ganzen Inhalte anzuführen;

Dieß

---

b) Schaureth a. a. O. S. 399 und 400.

Dießseits hielte man vor richtig und außer Zweiffel:

1mo. daß vor dem Westphälischen Friedens-Schluß die Deputati von beyden Bäncken, id est von der geistlichen und weltlichen Fürsten-Banck, auf den Reichs-Tägen, und zwar fast allezeit die 4 Ordinarii als die zween Vorsitzende von jeder Banck, mit Adjunction ein oder mehrere Stände von beyden Nachsitzenden neben den Praelaten und Grafen-Stand libere denominirt und per majora ausgesprochen worden, wie das Reichs-Fürsten-Raths Protocoll de a 1640 et 1641 bezeigte.

2do. Seye bekannt, daß erst hernach per dictum Instrum Pacis Art. Vto die Paritas Religionis eingeführet, mithin die consueta forma Deputationis geändert worden. Gleichwie

3tio. Das Instrum. Pacis dicto loco nichts bey der Deputation als nur allein die besagte paritatem statuirt, und in tantum priorem formam geändert, consequenter tanquam lex quasi correctoria stricte et non ultra litteram zu verstehen und zu nehmen; also seye

4to. Unlaugbar, daß der modus et forma deputandi im übrigen in vorigen Stand gelassen, folglich denen Protestirenden oder Catholicis, die Jhrige besonders et privative zu denominiren, keineswegs verordnet, oder zu verordnen jemals gedacht worden, und dieses demonstriren die actus subsequentes Deputationum de a 1653 et 54. woraus zu ersehen, daß de Deputandis ordentlich deliberirt, concludiret, und die per majora herausgekommene Deputandi ausgesprochen, oder wohl auch, daß die Denomination jedem

dem Theil der Religions-Verwandten anheim gegeben werden möchte, per majora beliebt worden.

5to. Könnte mit Fug wider die gepflogene Deliberationes et actus nicht wohl excipirt werden, weilen die vornehmere Herren Gesandte, die das Instrumentum Pacis machen helfen, bey denen nachgehenden Comitiis in annis 1653 und 54 noch selber gewesen, und sonder Zweifel mentem Instrumenti Pacis in hac materia Deputationis wohl gewußt haben würden: Und solchemnach seye

6to. Das gesamte Fürstliche Collegium seu omnes status illius Catholici et Protestantes simul et non separatim in possessione vel quasi juris denominandi Deputandos per Deliberationem et vota, juxta tamen paritatem Religionis, aus welcher possession ein Theil den andern nicht setzen könne, nisi ex novo et legitimo titulo, quem asserens probare tenetur.

7mo. Daß aber die Fürstlich Protestirende contra Catholicos in casu praesenti keinen titulum allegiren können, und die vorschützende Actus posteriores voluntarios et permissivos, praesertim adjecta a potiori Catholicorum reservatione de non praejudicando vel in consequentiam trahendo, propter continuam malam fidem zum Behelff nicht anziehen, noch eine praescription daraus erzwingen möchten, brauchte keiner weitern Ausführung:

Seye man also schließlich der Meynung, man habe sich über den punctum Deputationis nicht aufzuhalten, sondern gleichwohl jeder Stand des Fürstlichen Collegii sich seines juris suffragii in denominatione Deputandorum utriusque Religionis ohne des andern Hinderung zu ge-
brau-

brauchen, und den Ausspruch secundum majora zu erwarten: Sollte man aber zur Beförderung der Sachen denen Fürstlichen Directoriis die Deputandos unvorgreiflich zu denominiren und vorzuschlagen für gut ansehen, allermassen solches eben ad Visitationem Cameræ bey vorigen Reichs-Tag mit denen 5 Classibus geschehen, welche durch das Hochlöbl. Oesterreichische Directorium damals begriffen und hinnach auch beliebet worden, hätte man dabey kein Bedenken. Und dieses cum reservatione ulteriorum c).

Münster und Oesterreich lieferten auch noch in ihren Stimmen Beyträge zu dieser Ausführung. Wie wichtig sie dem andern Theile zu seyn schienen, läßt sich aus den grossen Widerlegungen von Brandenburg, Onolzbach und Magdeburg erkennen, besonders fügte letzteres seiner Stimme einen umständlichen Bericht, wie es auf vorigen und diesem noch fürwährenden Reichstag mit Anordnung der Reichs-Deputationen gehalten worden, bey. Selbst die kleineren hier gar nicht anwendbaren unbedeutenden Deputationen auf den Reichstägen z. B. bey der Notifikation der Geburth eines jungen Erzherzogs, Sieglung eines Schreibens u. s. w. mußten in diesem Berichte das Heer der gegentheilichen Präjudizien vermehren d). Salzburg widerlegte diesen Bericht zwar nicht so weitläufig, aber gründlich; und Münster vertheidigte auch die in seinem vorigen Votum vorgelegten Gründe. Oesterreich fand indessen, daß auch die unwidersprechlichsten Argumente den Gegentheil nicht zu einer billigern Meinung bewegen würden; es erklärte daher:

„Mit

---

c) Schauroth a. a. O. S. 400. u. f.

d) Schauroth S. 411—444.

„Mit Wiederholung seines bereits abgelegten Voti thäte man allem Widrigem contradiciren, und hingegen alle competentia reserviren: und weilen aus beyderseits abgelegten Votis soviel zu ersehen, daß die praesenti casu adducirte Actus ganz diversi und kein einiger purus et legalis aut non contradictus beygebracht, verfolglich auch dadurch keine posessio vel quasi inferirt oder behauptet werden könnte: So müste man nochmals seiner Meinung und zwar ex ipso Instrum. Pacis Westphal. um so mehr inhaeriren, als selbiges expressis verbis statuire, daß in dergleichen Casibus sola amicabilis compositio statt finde; dahero auch das nächste Mittel seyn würde, cum reservatione quorumque jurium utriusque partis auf ein zulängliches Temperament um so mehr anzutragen, indem es das Justiz-Wesen, ohn welches kein Reich oder Estat bestehen kann, principaliter berührte; cum reservatione ulteriorum.

In der folgenden Sitzung vom 8ten Oktober ward neuerdings mit Beybringung vieler Gründe von beyden Seiten gestritten, bis endlich den 13ten Oktober, da die gute Sache unter der Hartnäkigkeit des Gegentheiles nicht länger leiden konnte, der Vergleich dahin zu Stande kam, daß zwar für dießmal einer jeden Religionsparthie die Benennung ihrer Deputirten zu der Sache mehrerer Maturation anheimgestellt werden sollte, jedoch mit der ausdrücklichen Bemerkung im Konklusum, daß jeder Theil sich in allem seine *competentia reservire.*

Ungeachtet diese Bewegungen im Fürstenrathe vorfielen, so wählte doch das churfürstliche Kollegium verfassungsmäßig vermischt in dem nämlichen Zeitpunkte seine Deputirte, ohne daß hieben irgend einer Protestation oder Reservation gedacht worden wäre e).

§. 9.

Durch ein kaiserliches Komissions-Dekret von 18ten Juny 1709 wurde das Reich aufgefordert, sich zu erklären, ob es seine allgemeine und besondere Angelegenheiten bey den künftigen Friedens-Traktaten mit Frankreich der Kaiserlichen Gesandtschaft anvertrauen oder eine Reichsdeputation an den Ort des Congresses abordnen wolle f). Es erklärte sich für den letztern Weg, daher auch schon den 16ten August im Fürstenrathe die Protestationen über die Deputationswahl ihren Anfang nahmen. Den 19ten August zeigte Magdeburg zu Protokoll an, daß die Evangelici die ihrige gewählet hätten, und daß man nicht hoffen wolle, daß man katholischer Seits auf Evangelische zu votiren gedächte. Salzburg versetzte: „Im übrigen wäre allerseits bekannt und aus gar vielen Praejudiciis erinnerlich, welchergestalt man sich in dergleichen Materien sowohl ex parte Catholicorum als der Augsb. Conf. Verwandten bey vorgewesenen Deliberationen in specie ratione Deputandorum vernehmen lassen, dahero man sich auch dießseits quaevis competentia ad Protocollum beßtermassen verwahret, und dem widrigen ebenfalls contradicirt haben wollte, sich deshalben auf das bekannte Herkommen beziehend. Magdeburg berief sich auf Priora, und Halberstadt setzte noch hinzu: „Und weil man aus einigen vorstimmenden Votis der Herren Katholischen vernommen, daß dieselbe auch in Specie auf einen evangelischen Stand gestimmet und selbigen benennet hätten, so könnte man zwar ex

parte

---

e) S. Henniges ad I. P. O. M. Mantissa I. p. X. 72 Sq.

f) S. dasselbe in der alten europäischen Staatskanzley Th. XIV. S. 791 u. f.

parte Evangelicorum nicht hindern, daß sie ihre Meinung als einen guten Rath sagen möchten: Man declarirte aber nochmals ad Protocollum, daß Evangelici denen Herren Katholischen kein Recht auf ihre Deputirte zu stimmen und selbige zu benennen geständig wären, wenn es diese Meinung damit hätte, daß selbe ihre Vota in vim majorum gelten sollen. — Salzburg interloquendo repetirte priora — status reliqui catholici similiter — status evangelici ebenfalls ad priora g).

Den 23ten August ward diese Szene wiederholt. Magdeburg: „Nachdem man aus dem verlesenen vermeinten Concluso in materia Deputationis ratione numeri et personarum deputandarum wahrgenommen, daß auf der A. C. verwandten Stände Vota, welche doch in beyden Puncten ganz einmüthig gewesen, nicht die geringste Reflexion gemacht worden, so könnte man dießseits an solchem Concluso keinen Theil nehmen, noch dasselbe für ein Conclusum Collegii Principum erkennen, zumahlen es in einer Sache per majora abgefaßt werden wollen, worin Status Evangelici, so ihre Deputirte betreffe, allein zu disponiren und etwas zu sagen hätten. Und dieses nomine omnium Evangelicorum mit aller nothdürftigen Verwahrung. — Salzburg: „Ex parte Directorii hätte man nicht anderst gewußt, als daß man den Schluß dem Herkommen gemäß, gleich es in Collegio electorali geschehen, per majora abfassen müssen, dahero man sich ex parte Catholicorum wider alles dagegen Angezogene beßter Maßen zu verwahren und alle competentia zu reserviren hätte. — Status Evangelici ad priora. Catholici similiter. h)

C Endlich

---

g) S. Schauroth a. a. O. S. 433 u. 34.
h) S. Schauroth Th. S. 435 und 35.

Endlich kam doch ein Fürstliches Konklusum zu Stande. Sein Inhalt zeigt, wie sich der Streit endete.

„Als auch ferners wegen der Anzahl, wie viel und welche Stände zu der Reichs Deputation ad futuros Tractatus pacis gezogen werden mögten, deliberiret worden, hat man sich ratione numeri mit des Churfürstlichen Collegii Meinung und Schluß, daß sothane Deputation in sechs Personen oder Ständen von beeden Religionen zu bestehen, allerdings conformiret; und dann quoad ipsos Deputandos aus dem Reichs = Fürsten = Rath Oestreich und Magdeburg, jedoch aber absque praejudicio et consequentia dermahlen hiezu benennet und beliebet."

Im kurfürstlichen Collegium blieben alle verfassungswidrige Förderungen entfernt.

„Als man im Churfürstlichen Collegio (ist dessen Schluß) über die Frage, wie das Reich bey denen künftigen Friedens Tractaten zu concurriren, deliberiret, ist dafür gehalten und geschlossen worden, daß man hierzu eine enge in sechs Personen von beyden Religionen bestehende Deputation abzuordnen und hierzu **Churfürstlichen Theils Chur Mayntz und Chur = Sachsen ernennt hätte.**" i)

§. 10.

Die wichtigste Streitepoche in der Geschichte der außerordentlichen Deputationswahlen ist zuverläßig das Jahr 1710, in welchem die schon in dem vorigen Jahre vorgekommene Berathschla=

---

i) Beede Schlüsse hat die alte Europäische Staatskanzley Th. 14. S. 360 und 61 geliefert.

rathschlagungen über die Reichsdeputation zu den künftigen Friedenstractaten mit Frankreich erneuert wurden. Die Veranlassung zu dieser Ernennung und so zu sagen Fortsetzung giebt die desfallsige Salzburgische Proposition dahin an:

„Nachdem sich so viel geäussert, daß verschiedene sowohl Catholische als der Augsp. Conf. zugethane Stände mit deputirt zu seyn verlangten, man dahero a potiori dafür gehalten, daß aus ein= und andern über das vorkommenen erheblichen motivo, die Anzahl der Fürstlichen Deputirten wohl um 2 vermehrt, und also auf 4 in paritate religionis gestellet werden möchte: Also wäre man, jedoch mit dem ausdrücklichen Beding und Vorbehalt, daß ein solches künftighin dem Stilo comitiali unnachtheilig und ohne Consequenz seyn sollte, dahin einig worden, daß zu denen vorigen denominatis, als Oesterreich und Magdeburg, noch ferner Pfalz=Neuburg und Schweden=Brehmen pro Deputatis allerseits zu belieben wären: Demnächst man ex parte Directorii dafür hielte, daß das vorige Fürstl. Conclusum in so weit zu ändern und folgendermassen einzurichten seyn würde:

Conclusum.

Als auch ferners wegen der Anzahl, wie viel und welche Stände zu der Reichs=Deputation ad futuros Tractatus Pacis gezogen werden möchten? deliberirt worden, hat man dafür gehalten und geschlossen, daß solche in 8 Ständen von beyden Religionen und zwar aus dem Fürstlichen Collegio in 4, nemlich dermalen Oesterreich und Pfalz Neuburg Catholischen theils, von Seiten der Augspurgischen Confessions - Verwandten aber in Magdeburg und Schweden=Brehmen bestehen möchte," k)

---

k) S. Schauroth a. a. O. S. 425.

Schon den 2ten Juny trat **Magdeburg** in seinem und der übrigen evangelischen Stände Namen dagegen auf. „Man könnte nicht begreifen (sprach dasselbe) wie es zu verstehen seye, daß jetzo a potiori sollte dafür gehalten worden seyn, die Deputation mit noch zweyen aus diesem fürstlichen Collegio zu vermehren, wann a potiori soviel hieße, daß per majora ein Schluß gemacht, alldieweilen bekannt, daß dieses gantze Negotium, nach obigem einmal abandonirten Project Concluß, bishero unter beyden Religions = Verwandten Theilen, als inter partes, allein modo amicabili in ein und andern Conferentien tractirt, keineswegs aber per majora decidirt worden, gestalten es dann auch eine solche besondere Beschaffenheit damit hätte, daß man solches a potiori unmöglich heben könte, nachdem allein die Herren Catholische, contradicentibus semper Evangelicis sich hierunter bemühet, quo casu weder majora noch potiora statt fänden, sondern es wäre, nach der klaren Vorschrift Instrumenti Pacis, amicabilis compositio allein übrig. Sollte mit denen Worten a potiori und dem angegebenen Stylo comitiali etwas anders, so man nicht hofte wollen intendirt werden, müßte man ex parte Evangelicorum hiermit expresse und publice widersprechen, und sich quaevis competentia dagegen reserviren.„

Uebrigens verlangte **Magdeburg** Namens der evangelischen Stände, daß dem Conclusum beygefügt werden sollte: Hat man **Catholischen** und **Augsburgischen** *Confessions* Verwandten Theils sich miteinander dahin verglichen und darauf geschlossen, daß solche aus 8 Ständen von beyden Religionen *pari numero* bestehen, und aus dem Fürstl. *Collegio* hierzu vier Deputirte benennet werden möchten, worzu jeder Theil die seinige folgendergestalt angegeben 2c.„ — Salzburg erklärte den 23sten Junius:„ Da dasjenige, was die Herrn Augsp. Conf. Verwandte, nicht allein

allein ratione majorum in materia numeri, sondern auch ratione denominationis promiscue deputandorum und sonsten in berührtem Voto herkommen lassen, der kundbaren Reichs-Observanz und Stilo comitiali, sowohl vor als nach dem westphälischen Friedens Schluß nicht conform seye, als befinde man sich bemüßiget, diesem allem, so in contrarium angeführet worden, ex parte Catholicorum hiemit per generalia zu contradiciren und sich auf erwehnte Reichs-Observanz und Stilum Comitialem, wie auch auf das Instrumentum Pacis selbsten per expressum zu beziehen, mithin denen vormalen öfters ad Protocollum gegebenen Reservationen bestergestalten zu inhäriren.„ — Die Worte: Katholischer und Augsb. Confessions Verwandten Theils so wie auch, wozu ein jeder Theil die seinige folgendergestalt angegeben, einzurücken, wollte katholischen Theils nicht zugegeben werden. 1) Das Wort vergleichen drückte zu viel aus und konnte also da, wo nicht zwey Religions- sondern nur ein Reichskörper eintritt, nicht wohl gestattet werden.

Diese vorläufigen Erklärungen waren das Signal zu dem wechselseitigen ausführlichen und heftigen Deductionen der beyderseitigen Ansprüche. Den zweyten Juny desselben Jahres ward das Votum commune Evangelicorum von Magdeburg zu Protokoll gegeben — den drey und zwanzigsten die katholische Erklärung — den fünf und zwanzigsten die evangelische Gegenerklärung — den siebenten Juli die katholische Gegenerklärung — den eilften der evangelischen Stände fernere Gegenerklärung — den sechs und zwanzigsten September die fernere Antwort der Herren Katholischen — den zwanzigsten October abermahlen eine Antwort der Herren Evangelischen und den nämlichen eine fernere katholische Erklärung, in welcher, da man

endlich

---

1) Diese Aktenstücke liefert Schauroth S. 427. 428.

endlich eingesehen hatte, daß bey dem Gegentheile keine Ueberzeugung zu bewirken sey, sondern immer „eine mera repetitio priorum erfolge, alles per generalia semel pro semper contradiciret und im mindesten nicht eingeräumet ward." Endlich erklärten doch auch die Herrn A. C. Verwandte: „Sie hielten dafür, daß von denen meritis causae hin und her genug gestritten seye und daß man es doch darinn nicht weiter bringen würde, wann man gleich gegen einander noch ferner recessiren sollte, indem doch kein Theil den andern zu seiner Meinung zwingen könnte." m) Wäre Ueberzeugung in dem damahligen Zeitpuncte möglich gewesen, so hätte sie gewiß auf die lesenswürdige Salzburgische Erklärung vom 26ten September 1710 erfolgen müssen; allein man mußte zufrieden seyn, daß das Conclusum in folgender Art zu Stande kam: „Als auch ferners wegen der Anzahl, wie viel und welche Stände zu der Reichsdeputation ad futuros pacis tractatus gezogen werden möchten deliberirt werden, hat man sich mit einander dahin verglichen und darauf geschlossen, daß ec. —— aus dem fürstlichen Collegio deputirt werden möchten." Bey dem Worte vergleichen ließ man es katholischen Theils zu Beybehaltung ferneren guten Vernehmens bewenden, nicht zweiflend, es werde solches künftighin in keinem widrigen und ungleichen Verstand genommen werden." Augsburgischer Konfessions Verwandter Seits „contestirte man, daß dieses Wort, warum es zu thuen gewesen, in dem Verstande genommen werde, worinn solches in denen Reichs-Abschieden selbst genommen würde." n)

§. 11.

---

m) Alle diese Verhandlungen sind nach ihrem ganzen Inhalte sowohl in der alten Europäischen Staatskanzley Th. 23. S. 421 — 473 als auch bem Schauroth S. 438 — 453. zu finden.

n) S. Schauroth S. 452 und 435.

§. II.

In dieser Periode verdienet auch noch der in einer evangel. Conferenz vom 6ten December 1710 gefaßte Schluß bemerkt zu werden. Dessen Zweck war, eines Theils den vorgebrachten protestantischen Gründen ein größeres Gewicht zu geben, andern Theils selbst für die Zukunft den Mitgliedern des protestantischen Religionstheiles, welche sich aus Ueberzeugung oder Billigkeitsliebe einer gemeinschaftlichen Wahl bey ähnlichen Vorfällen geneigt zeigen mögten, eine unverbrüchliche Richtschnur vorzulegen und dadurch zugleich den Katholiken das Vertrauen auf eine bessere Zukunft für ihre gerechte Sache zu benehmen. Das Conclusum selbst ist folgendes:

„Nachdeme sich eine Zeit her je mehr und mehr äussert, daß ein Hochlöbl. Corpus Catholicum in dem Fürsten-Rath bey anordnenden Reichs-Deputationen auf der evangelischen Stände Deputirte mit zu stimmen und daraus causam totius collegii zu machen, sich auf alle Weise bemühet, damit solchergestalt hierüber ein Schluß per majora könne gemachet, mithin denen evangelischen Ständen das Jus suos privative deputandi in effectu entzogen werden; und aber dieses Vorhaben nicht nur wider den westphälischen Frieden und bisherige Observanz, sondern auch wider die Eigenschaft selbst, da bekanntermassen (?) die Corpora deputiren, directe lauffet, darinn auch Status evangelici ohne ihr höchstes Praejudiz nimmermehr zu consentiren vermögen: So hat man heute dato hierüber miteinander eine vertrauliche Conferenz gehalten, und unanimiter geschlossen, daß man sich obgedachten Beginnen einmüthig zu widersetzen, und zu mehrer Erreichung dieses Scopi allemal, so oft von Errichtung der Reichs-Deputationen in dem Fürstlichen Collegio geredet werden

werden solle, vorhero zeitlich zusammen zu thuen, und sowohl ratione numeri als personarum deputandarum mit einander zu vergleichen, hernach pro Conclaso Corporis in Collegio Principum durch den vorsitzenden ad Protocollum zu geben, und darüber vest und unbeweglich zu halten hätte; bis man sich gestalten Sachen nach eines andern amicabiliter verglichen. Damit auch dieser Schluß und verbindliche Abrede desto mehr Bestand und Kräften habe, ist ferner für gut befunden worden, mit denen übrigen evangelischen Ständen, im Churfürstlichen und Reichsstädtischen Collegiis daraus zu communiciren, und nicht allein ihren Beitritt zu verlangen, sondern auch das Chur = Sächsische Directorium zu requriren, daß selbiges in solcher Conformitaet, ein Conclosum totius Corporis abfassen und sowohl dasselbe als jetziges, der evangelischen Fürstlichen Herren Stände genommenes Concert zu denen Directorial = Actis ad perpetuam rei memoriam legen, und damit auch posteri bey diesem und künftigen Reichs = Tägen sich darnach richten mögen, fleißig asserviren solle. Geschehen Regensburg den 13ten Oktober 1710.

„Da der Evangelischen Fürsten und Stände hiesige vortrefliche Gesandtschaften, die Nothdurft zu seyn erachtet mit einem gesamten evangelischen Corpore hieraus zu communiciren, und zu mehrer Manifestir= und Versicherung dieses Ihres Entschlußes denselben ad acta Directorii evangelici zu geben, auf daß auch die Posteritaet im Fürsten = Rath sich hiernach bey allen Zeiten richten möge, und deshalben heut dato bey dem Corpore evangelico speciales Ansuchen geschehen, so dieses Verlangen für billig befunden, auch daß demselben zu deferiren geschlossen, als ist hierüber gegenwärtiges Konklusum

Klusum gemacht und verlangtermaßen ad Acta Directorii geleget = auch zu Bezeug = und mehrer Versicherung dessen mit dem evangelischen Directorial = Insiegel bezeichnet worden. So geschehen Regensburg den 6ten Dez. 1710 o).

§. 12.

So streng auch dieser Konferenzschluß abgefaßt war, so wenig hat man sich in der Folge protestantischer Seits an diese an und für sich willkürliche auf einseitigen Schritten beruhende Richtschnur gebunden. Ohne alle Rükksicht nur von dem Wahrheitsgefühle geleitet, erklärten sich die evangelischen Kurfürsten in den Jahren 1741 und 1764 provisorie und promiscue über das zu berichtigende kammergerichtliche Visitations = Schema. In letzterem Jahre waren zu Vorbereitung und Erleichterung des Visitationsgeschäftes bereits Berathschlagungspunkte von dem Fürstenraths = Direktorium vorgelegt worden, daher Sachsen=Weymar in der Sitzung vom 4ten July 1766 votirte, „daß den ersten Punkt (nämlich das Visitations = Schema) betreffend der jüngere Reichsabschied von 1654 so wie alle übrige Reichsgrund = Gesetze, in sofern sie auf den jetzigen Fall und Umstände applicable seynd, pro basi zu setzen und in derselben Conformitaet nicht nur die in dem Schemate, welches besagtem Reichsabschied beygefügt ist, benannte erste Klasse zur dermaligen Kammer = Gerichts = Visitation zu ziehen, sondern auch bey der seit 1654 in ermelter ersten Klasse mit Pfalz = Lautern und der Stadt Straßburg vorgefallenen Veränderung das Herzogthum Bremen an die Stelle des erstern, und die Reichsstadt Nürnberg anstatt der andern *communi omnium Statuum Consensu et Placito* zu erwählen, und also dadurch die erstere

---

o) S. die alte Europäische Staatskanzley Th. 22. S. 470 — 473.

Klasse zu ergänzen seye". Auf gleiche Weise stimmten Sachsen-Gotha, Hessen-Darmstadt, Magdeburg p) u. m. a., daher auch in dem Reichsgutachten vom 8ten August 1769

„beliebt und vestgestellt worden, daß zu einer Visitatione extraordinaria des Kaiserl. und Reichs-Kammergerichts unverweilt zu schreiten, und hiebey nach Anordnung des jüngern Reichsabschieds und der damit übereinstimmenden Kaiserl. Wahl-Capitulation zu verfahren, mithin denen in dem Schemate des Reichsabschieds und dessen Classe prima benennten Deputatis sothanes Visitations-Geschäft aufzutragen, und die durch indessen vorgefallene Veränderungen sich in gedachter Klasse ergebene bekannte Erledigungen durch das Herzogthum Bremen und die Stadt Nürnberg zu ersetzen seyen q).

Auf gleiche Weise wurde auch im Jahre 1764 durch gemischte Stimmen Braunschweig statt Pfalz auf die protestantische, Böhmen und Pfalz aber auf die katholische Seite gesetzt. — Wie vereinen sich alle diese Handlungen mit dem Schluße von 1710?

§. 13.

Das Reichsgutachten vom sechsten May 1774 ist der bündigste Beweiß der protestantischer Seits anerkannten Rechtmäßigkeit der obigen merkwürdigen neuesten Wahlhandlungen; denn die Reichskollegien bitten in demselben:

„Ihro

---

p) S. der neuen Europäischen Staatskanzley achtzehnten Theil S. 303 u. f.

q) Dieses Reichsgutachten liefert die neue Europäische Staatskanzley in dem neunzehnten Theile S. 99 — 104.

"Ihro Kaiserl. Majeſtät mögten geruhen, Ihro Kur=
fürſtl. Gnaden von Mainz zu Beſchreibung der in der
zwoten Klaſſe des *Schematis* vom Jahre 1654 ent=
haltenen Stände, mit Zuziehung der Kur=Braun=
ſchweig, und Erſetzung der zween andern Plätze
aus den folgenden Klaſſen zu veranlaſſen, und
zwar was die Kur=Braunſchweig belangte, in
Kraft des wegen derſelben und der Kur=Böheim dieſer=
halben allſchon beſtehenden allgemeinen Reichsſchluſſes vom
Jahre 1708 und deſſen, was dieſerwegen bey
den anno 1741 und 1764 obgeweſenen Wahl=
handlungen vorgekommen, und an Kai=
ſerl. Majeſtät gebracht, auch von Allerhöchſt=Ihro an
das Reich erlaſſen worden" r).

Als es zu Berichtigung der übrigen Viſitationsklaſſen kam,
ſchienen die Herrn Proteſtanten das wieder in Zweifel ziehen
zu wollen, was ſie vorher, wie die Worte des Reichsgutach=
tens deutlich beweiſen, unbedingt auf die feyerlichſte Art
eingeſtanden und beſtätiget hatten. Der Verfaſſer der ge=
ſammelten Originalbriefe erzählt die desfallſigen Vorfälle
ſo bündig und ächt, daß ich ihn lediglich hierüber ſprechen
zu laſſen am angemeſſenſten glaube. "Den 28ten May, ſagt
er, hielten die A. C. verwandten Geſandtſchaften eine außeror=
dentliche Zaſammenkunft auf dem Rathhauſe, um ſich wegen
ihres Verhaltens bey dieſer Sache, (denn das Protokoll ſollte
in Hinſicht der übrigen Viſitationsklaſſen wenige Tage hier=
auf eröfnet werden) beſonders wegen der alten Streitfrage:
ob ein jeder Religionstheil ſeine Deputatos für ſich allein zu
ernennen habe, zu beſprechen. In dieſer Conferenz gab Kur=
ſachen als Direktor forderſamſt zu erkennen:

"Es

---

r) S. der neuen Europäiſchen Staatskanzley neunten Theil S.
109 — 113.

„Es sey zu bemerken, daß dermalen nicht eine neue
„Reichs=Deputation ernannt, sondern nur nach denen von
„Chur=Maynz und dem Reichsstädtischen Collegio Anno
„1768 auf Spezial Verlangen geschehenen Vorschlägen
„die in Anno 1654 bestimmte Visitations=Klassen, recti-
„ficiret werden sollten, somit gegenwärtig es nur auf
„das Formale ankomme, wie die Rectification geschehen
„solle; da nun Status catholici sich allschon vorläufig
„darüber erkläret, und in Chur=Mayntzischen Vorschlägen
„Abänderungen gemacht hätten, so sey die Frage itzo:
„wie Corpus Evangel. die ihm zustehende Befugniß, sei=
„ne Deputatos allein zu ernennen, gleichwie dasselbe auch
„dem Corpori Catholicorum überlasse, selbst die seinige
„zu erwählen, gegenwärtig zu salviren vorräthlich finde,
„und ob nicht, wie in vorigen Zeiten auch geschehen,
„der Weg einer glimpflichen Reservation einzuschlagen
„seye."

Dann aber kam Chur=Brandenburg mit einem schriftli=
chen Voto herfür und reprochirte gleichsam den übrigen Ge=
sandten,

„daß, da er nicht zugleich in dem Chur= und Fürstlichen
„Collegio erscheinen konnte, selber zu seinem größten Be=
„fremden habe wahrnehmen müssen, daß bey der am
„6ten May im fürstlichen Collegio gepflogenen Delibe-
„ration die Evangelische Fürstliche Gesandte nicht die Ju-
„ra ihrer hohen Prinzipalschaften, wie sie sollen, respi-
„ciret und besonders gegen die a Directorio vorgelegte
„sich widersprechende auch den Protokollen nicht überall
„conforme Project clonclusa die erforderliche Erinnerung
„gemacht hätten — wäre er Churbrandenburgischer zugegen
„gewesen, würde er die hiergegen nöthige Vorstellungen
„gethan

„gethan haben; indeſſen ſey die Sache ſo vulnerirt, daß
„ſich nicht viel mehr davon ſprechen laſſe. Quoad
„propoſitionem directorialem ſey er der Meinung, daß
„Chur=Sachſen als Vorſtimmender in Collegio electorali
„das von ihm Chur=Brandenburgiſchen Geſandten pro-
„jectirte Votum ſo, wie in fürſtl. Collegio daſſelbe
„der vorſtimmende evangeliſche Geſandte ad Protocollum
„verleſen und hiermit anzeigen ſolle, daß man die Recti-
„fication der Viſitations=Klaſſen nach den Chur=Mayn-
„ziſchen und Reichsſtädtiſchen Vorſchlägen acceptire, und
„nur allein etwas weniges, ſo jedoch den Votis Catho-
„licorum nicht widerſpreche, abgeändert hätte, wo im
„übrigen, dagegen was etwa gegenwärtig circa modum
„nominationis Evangelic. praejudicirliches geſchehen ſeyn
„könne, ſich competentia reſerviret würden.“

„Die im Eingange dieſes Voti enthaltene Lection wurde ganz gelaſſen hinabgeſchluckt, nur was den Antrag ad
Propoſitionem betrifft, accedirte zwar demſelben Chur-
Braunſchweig ganz unbedingt, die übrige anweſende fünf
fürſtliche Geſandten aber ſamt dem Directorio ließen ſich
denſelben zwar auch gefallen, jedoch

„daß die Abgebung der Chur=Brandenburgiſchen Recti-
„fication nicht als ein Votum commune Status evan-
„gelicorum geſchehen, ſondern jeder Chur= und Fürſtli-
„cher Geſandter die Freyheit haben müſſe, über die Klaſ-
„ſen Rectification ſich apart votando vernehmen zu laſ-
„ſen, und nach Gutbefinden anzuführen, in welchem
„Maaß ſein höchſter Principal mit dem reſpective Chur=
„Sächſiſchen und Magdeburgiſchen Vorſchlag das Schema
„Claſſium zu rectificiren einverſtanden ſey, nachdem a
„potiori die Meynung Corporis Evangelicorum iſt, nichts
„mit

„mit anzugehen, wodurch zwischen dem katholischen und „evangelischen Reichstheil eine Collision veranlasset wer=„den könnte."

„Das Direktorium machte hierauf den Vorschlag, ob es nicht besser wäre, daß die Chur=Brandenburgische Rectification per modum moniti ad Protocollum abgegen werde. Chur=Brandenburg aber bestund auf seinen vorigen Antrag, und versicherte zugleich, daß ex parte Catholicorum keines Widerspruchs sich zu versehen sey, wornach also auch das Konklusum ausfiel. s) — Ob diese Versicherung ganz gegründet gewesen seye, müssen uns die Protokolle der beyden höhern Kollegien am beßten belehren.

§. 14.

In dem kurfürstlichen Kollegium proponirte Kurmainz in der ersten Sitzung vom 30sten May 1774:

„Da bekanntlich das Reichs=Direktorium anno 1768 von beeden höhern Reichs=Collegiis ersuchet worden, gewisse damals entworfene Vorschläge, wie das An. 1654 errichtete Schema Deputatorum extraordinariorum pro visitatione Camerae imperialis nach denen sich indessen ergebenen Veränderungen zu ergänzen, und zum erforderlichen Gebrauch herzustellen seyn mögte, bekannt zu machen, welches auch geschehen ist, indeme solche unter dem 11. Juny und 19. Aug. ej. a. allen dreyen Reichs=Collegiis per Dictaturam mitgetheilet worden, hierauf aber sich wieder einige damals zwar schon meistens vorausgesehene und und in Rücksicht genommene Fälle ereignet haben,

---

s) S. die gesammelte Original Briefe. 1773 Th. 3. von Seite 51—57.

haben, wodurch bey sothanen Vorschlägen ein und anders anderweit zu bemerken und einzurücken wäre; so habe man solches von Seiten Directorii gethan, und wolle also sothane Vorschläge, wie sie dermalen, in Verfolg dessen, was vorhin dieserhalben vorgekommen, gefaßt sind, hiemit vorlegen " t).

Auf dieses vorgelegte Projekt eines Schemas der Deputirten zur außerordentlichen Kammergerichtsvisitation äußerte Kursachsen suo loco et ordine: „Inmassen bey der anjetzt in deliberation gestellten Berichtigung derer noch dermalen übrigen vier letztern des Kaiserl. und Reichs=Kammergerichts Visitations=Klassen es lediglich nur auf jenes noch ankommen wolle, was sich bey schon dießfalls von gesammten Reichs halber festgestellten dem jüngern Reichs=Abschied vom J. 1654 angefügten Schema Deputationem inzwischen an Veränderungen oder sonstigen Anständen ergeben, um das darunter allenthalben nöthige nunmehro nachzuholen; so solle man dießorts in eben solcher Rücksicht auf dasjenige sich hiermit beziehen, was der Inhalt des Beschlußes sub A. die bey denen schon erwähnten Visitations-Klassen einzutretende höchst und hohe Deputations=Höfe, des diesseitigen Religions=Theils betreffend, des mehreren besage; hinwiederum aber auch an dem keinesweges etwas auszustellen zu seyn erachte, was wegen gleichmäßiger Bestimmung jenseitiger höchst und hoher Deputatorum, bereits zeither denen Reichs=Protokollen eingeflossen sey, somit aber auch nunmehro kein Anstand weiter fürwalten möge, um das in vorliegenden Betref zu errichtende Churfürstl. Konklusum und nacherige gemeinsame Reichsgutachten in ordine behörigermaßen zu Stande zu bringen" u). — Die Beylage

----

t) Neue europäische Staatskanzley Th. IX. S. 133.

u) S. die neue europäische Staatskanzley a. a. O. S. 134. 135.

lage A. enthielt das Schema, wie auf der evangelischen Seite die Klassen der Deputirten einzurichten seyen v). Brandenburg und Braunschweig stimmten dem allem bey; allein Kurmainz versetzte: „da man bey der dermaligen Ergänzung der Visitations = Klassen sich so, wie es im Jahr 1654 bey derselben Errichtung geschehen ist, benommen hat, über dieses auch bekannt ist, mit welcher Einmüthigkeit und ohne Vorbehalt dieses hohen *Collegii* anno 1666, 1704, dann bey den Wahlhandlungen 1751 und 1764 bey der Auswahl dergleichen *Deputatorum* durchgängig von denen Churfürstl. Gesandten votirt und fürgeschritten worden; so wolle man auch des Endes, ohne in etwas, was davon abweicht, einzugehen, *Competentia* reserviren w)." Man behielt sich beyderseits eine allenfalls weiters nöthige Abstimmung bevor.

In der Sitzung des kurfürstlichen Kollegiums vom dritten Juny gedachten Jahrs erklärte Kursachsen: „da aus der dem jüngsten Protokoll an Seiten eines Hochlöbl. *Directorii* eingeschlossenen Verwahrung wahrzunehmen gewesen, wie hierinnen zu gewisser diesseitig in der proponirten Sache erfolgten Abstimmung, insonderheit nur auf ein und andere Fürgänge voriger Zeiten sich zu beziehen beliebet worden, welche letztere jedennoch, wenn auch sonst dawider die an Handen seyenden

---

v) Das Direktorialprojekt enthielt die Deputirte von beyden Religionspartheyen. Das von Kursachsen vorgelegte Schema unterschied sich von diesem lediglich dadurch, daß in der vierten und fünften Klasse einiger der fürstlichen Deputirten Stände in einer andern Ordnung, als in dem Direktorialprojekt gesetzt, und in der fünften Klasse anstatt des von Kurmainz vorgeschlagenen Fürstl. Standes Henneberg auf Anhalt angetragen ward.

w) Vergl. die a. Staatskanzley a. n. O. S. 136. 137.

49

den Einwendungen nicht zu machen stünden, an sich selbst wohl der mit sothaner Verwahrung gemeinten Absicht, bey so manchen noch andern dagegen anzuführen stehenden wichtigsten Gründen in einer hinlänglichen Art das Wort reden dürften, so erachte man dermalen ein weiters nicht nöthig zu seyn, als jene Reservation, die hiemit beschähe, mit einer gleichmäßigen Gegen-Reservation quorumvis competentium per generalia zu erwiedern." Churmaynz: „Beziehe sich lediglich auf seine vorherige Reservation vom 30. vorigen Monaths, worinn sich auf eine in der Verfassung gegründete ordnungs-gesetzmäßige Observanz bezogen werde, die bey diesem hohen Collegio forthin beobachtet worden, so daß solches anno 1704 an dem in dem Reichs-Fürsten-Rath wegen der Deputation entstandenen Widerspruch keinen Theil genommen, wohl aber solchen beyzulegen gesucht hat" x).

§. 16.

In dem Fürstenrathe den 30sten May 1774 hatte die Sache den nämlichen Gang; und es zeigt sich da noch deutlicher, wie bereitwillig die Protestanten die Wahrheit der katholischen Grundsätze anerkannt haben. Das österreichische Direktorium legte das ihm von dem Reichsdirektorium mitgetheilte Schema zur Beystimmung vor. Magdeburg cum reliquis votis votirte: „Da vermuthlich die allerseitige Absicht darauf gerichtet seyn würde, daß bey Bestell- und Anordnung extraordinairer Reichs-Collegial-Deputationen die Jura collegiorum et Statuum utriusque religionis in salvo verbleiben müßten; so hätte man in behöriger Rücksicht auf den jüngern Reichs-Abschied und das darinnen enthaltene Schema

Depu-

---

x) In der angef. Staatskanzley S. 159.

D

50

Deputationum ad Visitationem Camerae, nach denen sich inzwischen ergebenen Veränderungen, auch sonst gehobenen Anstand, und dahero anjetzo erforderlichen wechselweisen Uebersetz- und vollständigen Einrichtungen hiemit ad Protocollum zu erklären, daß man die Höchst- und hohe Deputandos von dieser Religions-Seite folgendermaffen — — — angesetzet und sodann gemeinschaftlich begnehmiget zu sehen wünsche, in der Hoffnung, daß weilen zumalen an der schon jenseits beliebten Bestimmung derer Jhrigen dies Orts nichts auszustellen, sondern in dieselbe einzuwilligen wäre, nunmehro allenthalben zur Verfaß- und Berichtigung derer Conclusorum auch darüber zu pflegenden Re- und Correlationen, mithin zur vollständigen Reichs-Begutachtung über das sogestalten rectificirte Schema Deputandorum ad visitationem zu schreiten, keinem weitern Anstand unterworfen seyn würde" y). Die protestantischen Stimmen traten alle dieser Aeußerung bey. Das Direktorium trat aber mit folgender sehr wichtigen Erklärung auf:

„Bey der gegenwärtigen Berichtigung der Deputations-Klaffen zu den Kammergerichts-Visitation- und Revisionen seye in den obgewesenen Berathschlagungen sich auf die nämliche Art benommen worden, welche über den nämlichen Gegenstand in den Jahren 1654, 1666 und 1766 wären beobachtet worden. Es redeten weiter die Protocolla dieses hohen Fürsten-Raths, daß bey solchen in dem Jahre 1745 ein eigener Schluß dahin sey abgefaßt worden, daß, nachdeme ein Deputatus Imperii, als des gesammten Reichs-Bevollmächtigter auch von dem ganzen Reich beliebet seyn müsse, den sämmtlichen Ständen ihr liberum Suffragium und Jus Coelectio-

---

y) S. die neue europäische Staatskanzley Th. IX. S. 142–145.

lectionis nicht abgeschnitten werden könne, und daß von mehreren hohen Ständen unterm 4ten und 28sten July 1766 ausdrücklich erkläret worden, daß die Klassen communi omnium Statuum Consensu et placito zu ergänzen wären."

„Man habe von Directorii wegen nicht umhin gehen mögen, ein solches ad Protocollum zu bemerken, und wolle darnach allenthalben competentia reserviret haben." z)

Keine Sylbe erfolgte auf diese feyerliche deutliche Widerlegung der von den protestantischen Ständen vorgebrachten Behauptung; man ließ es sich im Gegentheile gefallen, daß das von dem Reichsdirektorium mitgetheilte Projekt mit einigen gemeinschaftlich beliebten Abänderungen angenommen, darnach das Konklusum abgefasset und so auf die gewöhnliche Art das Reichsgutachten errichtet wurde. a)

§. 17.

Neunzehn Tage nach gänzlicher Vollendung dieses Geschäftes geriethen die Herrn Protestanten auf den Gedanken, den bereits gänzlich verlassenen Satz eines einseitigen Wahlrechtes für die Zukunft retten zu wollen, und durch ein eben so einseitiges Konklusum glaubten sie diesen Zweck zu erreichen. Wer diese entgegen gesetzte Stimmung veranlaßte, ob allenfalls Kurbrandenburg wieder mit Verweisen aufgetreten war, mag dahin gestellt bleiben — genug, daß die Gesandtschaften

---

z) S. die a. Staatskanzley Th. IX. S. 150. 151.
a) Den Beweis liefern die in der ang. Staatskanzley enthaltenen Aktenstücke a. a. O. S. 161 u. f.

schaften A. C. zu Regensburg den 22sten Juny folgenden Konferenzschluß bekannt machten:

„Es sey von den Reichsständen A. C. schon aller ehevorigen Zeiten, bey entstandenen Reichs= und Collegial-Deputations=Fällen der sorgsame Bedacht dahin genommen worden, damit die hierunter obwaltende jura Statuum et collegiorum beyderley Religions=Theile denen Verordnungen des Westphälischen Friedens und dem Herkommen gemäß, durchgehends unverletzt und um so mehr noch voll aufrecht erhalten würden, als in hoc jure deputandi ex suo corpore vel Collegio sich von dem anderen Religions=Theile eingreifen, oder durch dessen majora darunter sich Ziel und Maaß setzen zu lassen, von den nachtheiligsten Folgen seyn müßte; daher dann auch durch mehrfältige feyerlichste Conclusa Corporis Evangelicorum fest darauf bestanden, und die nämliche privative Gerechtsame zum öfteren sogar in Contradictorio standhaft behauptet und ausgeübet worden; also habe man nicht weniger von Seite des Corporis Evangel. bey neulicher Gelegenheit der in Comitiis gehandelten Berichtigung derer zeithero noch rückständig gewesenen vier letzteren des Kaiserl. und Reichskammer=Gerichts, Visitations-Deputations=Klassen in gleicher Art sich benommen, und so viel die bey dem bekannten Schemate Deputationum des Jahrs 1654 sich inzwischen ergebene Veränderung oder sonst darüber vorgefundene Anstände betroffen, des anliegenden Schematis diesseitiger höchster und hoher Deputandorum in Conferentia vom 28sten May letzthin einmüthig sich verglichen, zugleich aber hiebey noch beliebet, über den solchmaligen Vorgang ein eigenes Conclusum Corporis (wie anmit geschehe) zu künftiger Nachricht und Gebrauch zu errichten.

Die

Die Katholischen hätten zwar ohne künftiges Besorgniß diesen Vorgang übersehen können; allein zur öffentlichen Belehrung und zum Beweise der Gesetzwidrigkeit des protestantischen Schlusses entwarf der dem deutschen Reichstage unvergeßliche Reichsdirektorial-Gesandte Freyherr von **Linker** b) eine Registratur, welche von dem katholischen Religionstheile in folgenden Ausdrücken bekannt gemacht ward:

„Nach-

---

b) Einen Herrn von Linker wird nach dem mir bekannten einstimmigen Urtheile der ersten deutschen Staatsmänner der Reichstag an dem als Reichsdirektorial Gesandten ernannten bisherigen Herrn Reichskammergerichts-Beysitzer von Steigentesch zu erwarten haben. Den Verlust des wirklich unermüdeten, zu frühe abgelebten Freyherrn von Strauß hat der diplomatische Körper tief empfunden; — aufrichtig hat Dessen Andenken jeder, der Ihn gleich mir näher zu kennen oder wohl auch in die reichstäglichen Verhältnisse von ihm eingeweihet zu werden, das Glück hatte, eine dankbare Thräne gezollt; um so erquickender ist die Hoffnung, nun einen Herrn von Steigentesch in diesem wichtigen Posten zu erblicken. Aechte gleichzeitige staatsrechtliche theoretische und praktische Kenntnisse, verknüpft mit einem Scharfblicke, einer Leichtigkeit im Geschäfte und einer graden gehörig angewendeten Politik sind wohl die wichtigsten Eigenschaften eines deutschen Reichstagsgesandten. — Deutsch-patriotische Gesinnungen für unsern großen Retter in Gefahr — das deutsche Reichsoberhaupt — und überhaupt Liebe zu konstitutionellem Verfahren in deutschen Reichsangelegenheiten geben jedoch denselben allein einen dauerhaften Werth; daher alle diejenigen, welche sich für den deutschen Staatskörper interessiren, und den neuen Herrn Gesandten näher zu kennen das Glück haben, nicht ohne Grund voll freudiger Erwartungen sind. Schwer wird es mir, hier nicht die während dreyzehn Jahren um deutsche Staats- und Justizverfassung am Kammergerichte gesammelten Verdienste des Hrn. von Steigentesch berühren zu können; allein ich würde der Bescheidenheit Sr. Excellenz zu nahe treten, und der Verlust einer mit längst geschenkten ununterbrochenen Gewogenheit wäre zu empfindlich, als daß ich sie den Lesern dieser Schrift aufopfern könnte.

"Nachdem ein von den Gesandten A. C. nach bereits durch das Reichsgutachten vom 3ten Juny a. c. (1774) berichtigten Visitations-Schemate verfaßter Aufsatz, in welchem der Hergang, wie sie solchen ansehen wollen, bemerkt ist, bekannt worden, und darinn als richtig vorausgesetzt wird, daß die Benennung der deputatorum, welche bisweilen nach vorgängiger Einverständniß und aus freyem Willen jedem Religionstheile überlassen worden, nicht mehr per vota promiscua, sondern von jedem Religionsseite besonders geschehen müsse, solches auch zum öftern und sogar in contradictorio von ihnen standhaft behauptet, und bey der jetzigen Berichtigung des gedachten Schematis oben also beobachtet worden seye; so hat man sich auch Katholischer Seits vermüssiget gesehen, kürzlich zu bemerken, wie irrig gedachte Supposita seyen, da, um nur der neuesten Gefälle zu gedenken, anno 1734 im Kurfürstlichen Collegio die Benennung der Deputation per vota promiscua ohne einige Widerrede geschehen, und Kursachsen und Kurbrandenburg votando ausdrücklich darauf angetragen, daß Kurmainz und Kurpfalz zu deputatis zu ernennen seyen; wohingegen auch die Katholische electorales jene zwey Protestantischen Kurfürstliche Deputatos mit benennt haben. Im Fürstenrathe aber haben Salzburg und sämtliche Catholici der gemachten Einwendungen ungeachtet, standhaft behauptet, daß die deputati ohne Unterschied der Religion von den Ständen durch die mehreren Stimmen zu bestellen seyen, wobey es damals auch geblieben und auf den Vorschlag des Kurfürstlichen Collegii dem Fürstenraths concluso nur eine clausula salvatoria, daß solches Niemanden an seinen Ansprüchen nachtheilig seyn solle, beygefügt worden. Ob nun gleich die Stände A. C. 1710 einen Schluß wegen Benennung der Reichsdeputation machen wollen, so haben sie

doch

doch dem Katholischen Religionstheile durch eine solche einseitige dem juri tertii nicht praejudicirende Unternehmung die in contradictorio behauptete Befugnisse nicht schmälern können; auch ist man auf diesem angeblichen concluso in der Folge selbst nicht mehr bestanden, da von den Kurfürstlichen Gesandschaften bey dem Wahlcollegio 1741 wegen der ersten Visitationsklasse per vota promiscua einige provisorische Einrichtung gemacht und anstatt Pfalzlautern, Bremen, anstatt Straßburg aber Nürnberg in die erste Klasse versetzt worden, und auch im Jahre 1764 sowohl die Katholischen als Protestantischen Wahlbotschafter mit durchgängiger Einverständniß ihre Stimmen dahin abgelegt, daß die ehedem von Kurpfalz in dem Visitationsschemate auf A. C. Seite inne gehabten Stellen, Kurbraunschweig anzuweisen seyen, und Kurböhmen nebst Kurpfalz ihren Platz künftig auf Katholischer Seite zu nehmen hätten."

„Eben so wenig haben die Stände A. C. bey gegenwärtiger Berichtigung des mehr gedachten Schematis die Deputatos ihrer Religion einseitig benannt; denn nicht nur ist von Kurmainz auf Ersuchen beyder höheren Collegiorum das gefaßte Projekt zur Ergänzung der übrigen Klassen im Jahr 1768 im Deputationszimmer verlesen, und ad Dictaturam privatam befördert, sondern auch von den Ständen beyder Religionen im Wesentlichen gut befunden, und nachhero, als es zur wirklichen Berathschlagung gekommen, in einzelnen *Votis* die Versetzung ein und anderer Stände vorgeschlagen worden, welcher als einer gleichgültigen Sache Catholici beygetreten, und eben dadurch so wie vorher zur Ergänzung beyder Religionsseiten, also auch nun zu dieser

ser Versetzung einiger Stände A. C. mitgewirkt haben. Ueberdieß haben auch noch die Directoria beyder höhern Collegiorum, um aller besorglichen Mißdeutung vorzukommen, den 30sten May und resp. 3ten Juny zum Protokoll erklärt, wie catholici diese Handlung angesehen, indem sie, ohne in etwas, was von der herkömmlichen gemeinsamen Benennung abzuweichen scheinen könnte, einzugehen, sämmtlichen Ständen ihr *liberum suffragium* und *jus coelectionis* ausdrücklich vorbehalten, und sich also dadurch gegen alle andere Ausdeutung verwahret haben, welches alles zur künftigen ad acta der katholischen Gesandtschaften zu nehmenden Nachricht in gegenwärtige Registratur gebracht worden." e)

§. 18.

Die neuerdings geschehene Wahl einer außerordentlichen Reichsdeputation zu den Friedenshandlungen mit Frankreich ist nun die zunächst folgende Deputationswahl. Da über dieselbe schon im Eingange alles wesentliche erinnert ist, so bedarf sie keiner weitern Darstellung in dieser Geschichte. Nur dieß verdienet noch eine Erinnerung, daß in dem Jahre 1791 über die Wiederherstellung der or-
dentli-

---

e) Diese merkwürdige Registratur hat zum erstenmale von Hagen in seiner zu Mainz 1791 herausgegebenen Streitschrift, de Jure catholicorum ooeligendi Deputandos A. C. addictorum ad Deputationes Imperii extraordinarias etc. im Druck geliefert, kürzlich aber auch der Verf. der polizeymäßigen Bemerkungen gegen Herrn Doktors Sattler Abhandlung seiner kleinen Schrift als Anhang beygefügt. Da erstere ihrer Natur nach ohnedin nicht viel ins Publikum gekommen ist, und bey letzterer dieser Anhang nicht so leicht gesucht wird, so glaube ich, an der in diese kleine aktenmäßige Geschichte ohnehin gehörigen Einrückung wohl gethan zu haben.

dentlichen Kammergerichtsvisitationen und bey dieser Gelegenheit auch über die Berichtigung und Festsetzung eines dauerhaften Deputations Schemas berathschlaget ward. Der größere Theil der Reichsstände, katholische und protestantische stimmten dahin, daß die Einrichtung des Lateris bey dem Schema einem jeden Religionstheile überlassen, oder wie sich auch andere z. B. Kurbraunschweig, Sachsen-Gotha, Ratzeburg ꝛc. ausdrückten, anheim zu stellen wäre d). Kurbrandenburg behauptete allein in dem kurfürstlichen Kollegium, „daß jedem Religionstheile die Einrichtung seiner Seite bey jeder Klasse gebühren würde; sollten sich aber dabey solche Anstände und Schwierigkeiten äußern, welche das Sitz- und Stimmrecht eines Mitgliedes des einen oder andern Religionstheiles ins Besondere betreffen möchten, so würde in Entstehung gütlichen Abkommens die Entscheidung des Kaisers und Reichs eintretten müssen. Sollten aber diese Anstände und Schwierigkeiten zwischen beyden Religionstheilen entstehen, oder sich bey der Berathschlagung über Sitz- und Stimmrecht eines einzelnen Mitgliedes Itio in partes ereignen, so könnte nur alsdenn eine gütliche Vereinigung statt finden." Auf gleiche Weise äußerte sich Magdeburg in dem Reichsfürstenrathe e); allein auch da war nur Henneberg in seinem Votum mit dem Satz, „daß jeder Religionstheil ohnehin das Recht habe, sein *Latus* unter sich zu reguliren, f) gleicher Meinung.

Da

---

d) S. die Reichsfürstenraths-Protokolle vom 6ten und 13ten May 1791.

e) S. das Reichsfürstenraths-Protokoll vom 18ten May 1791.

f) Reichsfürstenraths-Protokoll vom 26ten August 1791.

Da man protestantischer Seits nur bey den Adjunktionen zu ordentlichen Reichsdeputationen die gemeinschaftliche Wahl zugeben will, so ist es nicht unwichtig, in gewisser Hinsicht aus diesem Vorgange die vor wenigen Jahren öffentlich erklärte Gesinnungen fast aller protestantischen Reichsstände über ein neues Deputations=Schema zu den Kammergerichts=Visitationen ersehen zu können.

B. Rechtliche Entwicklung der Frage: ob die Wahl einer außerordentlichen Reichsdeputation nach der Mehrheit der Stimmen in jedem Kollegium der Reichsversammlung oder von einem jeden Religionstheile in Hinsicht der katholischen und evangelischen Stände ohne Konkurrenz geschehen müsse g) aus

1) dem Begriffe und der Natur der Sache selbst.

§. 19.

---

g) Wir besitzen bis jetzt, die bereits angeführte Sattlerische Schrift ausgenommen, folgende Abhandlungen über diese Frage: 1) *Gottfr. Dan. Hofmann* de jure corporis evangelicorum suae religionis deputatos imperiales seorsim eligendi. Tub. 1775. 2) *Edmund de Hagen* de jure Catholicorum eoligendi deputandos A. C. addictorum ad deputationes Imperii extraordinarias, ad illustrandum Art. V. §. 51. I. P. O. Moguntiae 1791. 3) Die gemeinschaftliche Wahl der Mitglieder zu einer Reichsdeputation und das darauf sich gründende katholische Mitwahlrecht der evangelischen Reichsdeputirten nach katholischen Grundsätzen entwickelt. ec. Regensburg 1796. — Eine fast wörtliche Uebersetzung des größten Theiles der vorhergehenden Dissertation. Auch hat 4) Weiße in seiner ganz neuen Abhandlung über die teutschen Reichsdeputationen zu Friedenshandlungen, Leipzig 1797, in dem dritten Paragraphen der zweyten Abtheilung diese Frage zum Vortheile der protestantischen Meinung zu entscheiden sich bemühet.

§. 19.

Schon der Nahme, **Reichsdeputirte**, giebt zu erkennen, daß die Mitglieder einer außerordentlichen Deputation von zween Religionskörpern weder angeordnet, noch bevollmächtigt werden können. Sie sind Deputirte des **Reichs** d. i. des gesammten **Reichskörpers**, der an und für sich ein einiger, ein ungetheilter **Körper** ist. Die Sorgfalt, mit welcher gesetzliche Benennungen beobachtet, und wenn sie zu viel oder zu wenig ausdrücken, bald abgeändert werden, ist bekannt; allein nie dachte man daran, diesen Nahmen anzufechten, da er der Sache ganz angemessen ist. Unter einer Reichsdeputation, sagt Herr Professor **Weiße** h) ganz richtig, „verstehet man eine solche Versammlung einiger Reichsstände, welche den Auftrag erhalten hat, im *Nahmen der übrigen* gewisse bestimmte Geschäfte zu verrichten." Alle **Reichsstände** zusammengenommen bestimmen daher gemeinschaftlich: ob ein Geschäft durch einige von ihnen vorgenommen werden soll; sie ertheilen in ihrem eigenen gemeinschaftlichen Nahmen die Vollmacht, ein solches Geschäft vorzunehmen — sie bestimmen gemeinschaftlich die Art und Weise, auch die Grenzen des Geschäftes, kurz alle Verfügungen hierüber geschehen gemeinschaftlich, und doch soll die gemeinschaftliche Wahl dieser Deputirten in Zweifel gezogen werden? — Die Reichsgesetze und alle Staatsakten ohne Ausnahme erkennen Deputationen als kleine, als verjüngte *Comitia* k) — die Art ihrer Geschäftsführung ist mit jener des

ganz

---

h) In der eben angezogenen Schrift S. 3.

i) Sie werden mit verschiedenen, aber immer gleich bedeutenden Nahmen in den Gesetzen belegt, so z. B. Partikularkonvent, Ausschuß der Stände u. s. w. Die Stände haben es mehrmalen ausdrücklich gesagt, daß die Deputationen das ganze Reich repräsentiren.

ganzen Reichstages im wesentlichen übereinstimmend, ihrer Schlüssen wird die nämliche Wirkung beygelegt, und es hängt ohnehin nur vom Willen der Stände ab, ob sie ein Geschäft, zu welchem eine Deputation ernannt wird, nicht auf dem Reichstage selbst vornehmen wollen. Eine Reichsdeputation ist folglich das Surrogat eines Reichstages. So wie nun einem jeden Reichsstande zustehen würde, über den in Frage stehenden Gegenstand sein Stimmrecht auf dem Reichstage nach der Vorschrift der Verfassung auszuüben, so muß ihm auch auf gleiche Weise zustehen, denjenigen zu bestimmen, der seine Stelle bey Erörterung dieses Gegenstandes vertreten, der sein Beßtes besorgen soll.

Die Stände können in Komitialangelegenheiten nur als ein Körper angesehen werden, und nur der, der durch Komitialeinwilligung erwählt ist, kann als Deputirter in einer Komitialsache sprechen. — Gewiß sind die Gegenstände, zu welchen außerordentliche Reichsdeputationen ernannt zu werden pflegen, eigentliche Komitial = Gegenstände, bey welchen nur ein gemeines, nicht ein getheiltes Interesse eintreten kann. Religionssachen ausgenommen, müssen die Stände ein Körper bleiben, ihre Stellvertreter bey allgemeinen Reichsangelegenheiten können mithin auch nur durch sie als einen Körper erwählt werden. In einem Promemoria an den Kaiser vom Jahre 1720 sagen die Protestanten selbst: „Reichsdeputationen würden angeordnet in Sachen, die das ganze Reich ohne Unterschied der Religion konzernirten, und darinn beyder Religionsverwandten = Theile des Reichs mit einander konkurrirten. Ein ganz anders wäre es, wenn eins von jetztbesagten Theilen gegen das andere in opposito stünde und agirte, wie in den jetzigen Religionssachen geschehe, da könnte per rerum naturam keine Reichsdeputation statt haben, sondern da müßte de corpore ad corpus

pus traktirt und agirt werden." k). Liegt hier nicht das eigene Eingeständniß vor, daß die Natur und Wesenheit einer Reichsdeputation die Konkurrenz der beyden Religionstheile im ganzen, folglich auch bey der Wahl mit sich bringt? — Die Protestanten haben durch diese Erklärung das Sonderbare auffallend gemacht, welches in dem Verlangen liegt, Stellvertreter für andere wählen zu wollen. Gleichwie die quaestio an, sprach Oesterreich 1704 im Fürstenrathskollegium, in Collegio gesammter Hand resolvirt wird, also hätte man ein gleichmäßiges wegen der übrigen beyden quaestionum, numeri statuum Deputandorum zu beobachten. l) Der Nahme, der Begriff und die Aenlichkeit solcher Deputationen mit dem Reichstage beweisen diesen Satz auf das vollkommenste.

§. 20.

Herr Professor Weiße glaubt, m) der Zweifel, daß in der Regel ein jeder, der einer dritten Person ein gewisses Geschäft aufzutragen gesonnen seye, auch zur Auswahl und Ernennung derselben berechtiget seyn müsse, laße sich leicht dadurch lösen, daß die Ernennung der Reichsdeputirten auch nach der Meinung der Protestanten von dem gesammten Reiche geschehen solle; jedoch unter der besondern Bestimmung, daß sich die Reichsstände bey diesem Geschäfte nach ihrer Religion von einander absondern; und daß sich allerdings der Fall sehr gut als möglich denken laße, daß wenn mehrere Personen verschiedene Bevollmächtigte zur Vollziehung eines gewissen Geschäfts ernennen, sie diese nicht zugleich alle erwählten

---

k) S. die Staatskanzley Th. 37. S. 555.

l) S. Schauroths Concl. Corp. evangel. T. I. p. 402.

m) In der angeführten Schrift S. 88.

ten, sondern ein jeder eine bestimmte Zahl derselben. — Das **gesammte** Reich kennet außer Religionssachen nur **eine** Berathschlagungsart, nur eine einige Eintheilung unter sich nämlich in Kollegien. Sobald also das gesammte Reich ernennen soll, so muß auch die Berathschlagung über die Ernennung so geschehen, wie das gesammte Reich der Ordnung und Natur nach zu berathschlagen pflegt. So lange der Begriff **Reichsverhandlung, Reichsberathschlagung** immer noch mit dem Begriffe einer Verhandlungsart in dreyen Reichskollegien verknüpft ist, so lange ist es auch mit der Natur einer **Reichsdeputation** — einer Deputation des gesammten Reichs — unvereinbarlich, daß sie von einzelnen Religionstheilen geschehen, und doch als **vom gesammten Reiche** ernannt angesehen werden solle. Die Folgerungen, welche aus der Natur, der Wesenheit einer Sache gemacht werden, betrachten die Sache nur in ihrer natürlichen, gewöhnlichen und ordentlichen Lage; erhält sie eine andere, so ändert sich ihre Natur in der Art und es müssen sich auch die Folgerungen ändern. Wenn einmal das Reich die Berathschlagungen nach Religionseintheilungen pflegen, und die Abtheilung in drey Reichskollegien bey demselben aufhören wird, dann werden wir auch auf die Natur einer Reichsdeputation, einer solchen Deputation, die die Stelle des ganzen Reichs vertritt, und von dem gesammten Reich so erwählet wird, wie das Reich als Reich zu wählen pflegt, uns nicht mehr beziehen. Der Fall, daß mehrere Personen, welche verschiedene Bevollmächtigte zu einem gewissen Geschäfte ernennen wollen, diese nicht alle zugleich erwählen, sondern ein jeder eine bestimmte Zahl, laßt sich wohl als möglich denken, aber nur unter der Voraussetzung, daß die mehrere Personen miteinander überein gekommen sind, daß die bestimmte Zahl, welche jeder wählen wird, eben so angesehen werden solle, als wenn sie von allen gewählt worden seye;

ist

ist das nicht, so können die Erwählten nicht als von allen Erwählten angesehen werden. Man hat katholischer Seits die Möglichkeit eines solchen Falles nie geläugnet; im Gegentheile sind Beyspiele vorhanden, daß man den Protestanten die Ernennung anheim gestellt und dadurch selbst eingewilliget hat, alle jene Personen, welche sie erwählen würden, als gemeinschaftlich Bevollmächtigte anzusehen. Hört wohl dadurch die Natur, die Wesenheit einer Reichsdeputation auf? — Ueberhaupt ist und kann die Rede von dem nicht seyn, was möglich seyn könnte, sondern von dem, was wirklich ist und zu geschehen pflegt. Schwerlich wird Herr Professor Weiße erweisen, daß es die natürliche, gewöhnliche Methode des gesammten Reichs seye, politische Gegenstände in der Trennung zweyer Religionskörper zu verrichten. Derselbe giebt zwar auch zu, daß einem jeden Religionstheile frey stehen werde, gegen die Deputirten des andern seine Bedenklichkeiten zu eröffnen. Dieser Meinung gemäß, sollen aus den Deputirten der Religionspartheyen Reichsdeputirte entstehen — es soll de corpore ad corpus gehandelt werden. Der Begriff eines gesammten Reichskörper muß aber dadurch erlöschen — das freye gesetzliche Stimmrecht über alle politische Gegenstände auf Reichstägen wird eine eingeschränkte Wirkung erhalten, die von den nachteiligsten Folgen seyn müßte, da die Wohlthat, durch Majorität ein Geschäft zu Stande zu bringen, und die ohnehin so verschiedene menschliche Meinungen zum Beßten des Ganzen zu vereinigen, hierdurch ihre Existenz verlieret. Gegentheilicher Seits beziehet man sich überdieß auch auf den gemeinschaftlichen Reichsschluß von 1712, weil es darinn heißt: „man habe sich verglichen und folgende Deputirte ernannt. Traurig wäre es, wenn in solchen Fällen künftig wieder solche Streitigkeiten wie im Anfange dieses, und in der Mitte des vorigen Jahrhunderts entstehen und immer nur Vergleiche statt haben sollten. Schlimm genug, daß es in vorderen Zeiten so gehen mußte, weil man sich protestantischer Seits neue Rechte beylegen wollte. Wir wollen nicht hoffen, daß bey solchen Gegenständen, welche den höchsten Wunsch der Nation betreffen, nur ein Vergleich das Mittel der Beendigung seyn soll.

§. 21.

Der Herr Doktor Sattler n) will den Beweis für die einseitige Wahl auch in der Natur der Sache, jedoch in anderer Art finden. Da es den Protestanten so schwer geworden seye, nach einem langen Kampfe mit Ränken und Kabalen in dem westphälischen Frieden ihre Religions und Gewissensfreyheit zu begründen, da mit so vieler Mühe die Religionsgleichheit für alle vorkommenden Fälle zu Stande gebracht worden, so würde dieselbe alle Religionsgleichheit nichts nützen, wenn die Katholiken mit ihrer Majorität Deputirte wählen könnten; es erfordere es, meint er daher, die Natur der Sache, daß solche Deputirte von denjenigen erwählt würden, die sich ganz ihrer Rechtschaffenheit und Ehrlichkeit überlassen und ihren Händen das Wohl und Sicherheit ihres Religionstheiles übergeben sollten. — Wie würde der Herr Doktor diesen Einwand lösen, wenn man katholischer Seits ihm denselben entgegen stellen würde, da es bey den Katholiken die nämliche Natur der Sache mit sich bringt, daß die Wahl der Deputirten, deren Rechtschaffenheit und Ehrlichkeit sie sich überlassen sollen, auch von ihnen geschehe? Er würde uns dann, wenn er nach Ueberzeugung sprechen wollte, belehren müssen, daß in politischen Gegenständen nur ein gemeinschaftliches Interesse seyn kann, daß bey außerordentlichen Reichsdeputationen, welche entweder zu Unterhandlung eines

Frie-

---

n) In der oben bemerkten Abhandlung S. 30. u. f.

Friedens oder zur Kammergerichtsvisitation abgesendet werden, nur zufälligerweise ein Religionsgegenstand vorkommen könnte, und auch dafür die Gesetze sehr genau gesorgt hätten. Es ist ohnehin einleuchtend, daß bey einer Deputation von gleicher Religionszahl keine Majorität auf Seiten der Katholischen zum Nachtheil der Protestanten vorhanden ist.

Uebrigens verdienet wohl dieser Einwurf keine größere Widerlegung; denn es fällt von selbst in die Augen, daß dasjenige was der Herr Doktor von den außerordentlichen Deputationen folgern will, nur auf eine solche Deputation, welche zu Religionsgegenständen bestimmt würde, anwendbar seyn könne, wo es ihm denn auch keineswegs geläugnet wird.

(2 **Aus dem Geiste der deutschen Reichsgesetze.**

§. 22.

Wir können kein deutsches Reichsgesetz aufzeigen, welches eine genaue Bestimmung in sich enthielte, wie die Mitglieder außerordentlicher Deputationen gewählt werden sollen. Nur aus dem Geiste der über die Deputationen und die Berathschlagungsart in vorkommenden Reichsgeschäften vorhandenen Reichsgesetze, deren vor dem westphälischen Frieden keine vorhanden sind, können wir uns berechtiget halten, wichtige Folgerungen für das rechtmäßige gemeinschaftliche Wahlrecht außerordentlicher Deputirten zu ziehen.

Es ist gewiß, daß den deutschen Reichsständen in allen Reichsgeschäften, wenn nicht besondere bestimmte Ausnahmen vorhanden sind, das freye ungebundene Stimmrecht zustehe, da nach dem ausdrüklichen Buchstaben des zweyten Paragraphs des Art. VIII. im westphäl. Frieden auch der Abschluß eines Friedens unter diejenigen Gegenstände namentlich gezählt wird, in Ansehung welcher nichts einseitig beschlossen, sondern einem jeden Reichsstande mit seiner Stimme zu konkurriren gestattet seyn soll. Es wird ausdrücklich verordnet;

> *Gaudeant fine contradictione jure fuffragii in omnibus deliberationibus fuper negotiis Imperii, praefertim* ubi leges ferendae, vel interpretandae, bellum decernendum, tributa indicenda, delectus aut hofpitationes militum inftituendae, nova munimenta intra Statuum ditiones extruenda, nomine publico veterae firmanda praefidiis, nec non *ubi pax* aut *foedera facienda*, aliave ejusmodi negotia peragenda fuerint *nihil horum* aut quicquam fimile pofthac unquam *fiat* vel *admittatur, nifi de comitiali*, liberoque omnium Imperii ftatuum *fuffragio et confenfu*, cum primis vero jus faciendi inter fe et cum exteris foedera, pro fua cujusque confervatione ac fecuritate fingulis ftatibus perpetuo liberum efto, ita tamen, ne ejusmodi foedera fint contra Imperatorem et Imperium, pacemque ejus publicam, vel hanc inprimis transactionem, fiantque falvo per omnia Juramento, quo quisque Imperatori et Imperio obftrictus eft.

Bey allen Gegenständen, welche sich auf einen Frieden beziehen, sagt hier der westphälische Friede ausdrücklich, soll Komitial Berathschlagung eintreten, folglich auch bey dem ersten Geschäfte über die Frage: wie soll der Friede abgeschlossen werden, und wer soll ihn im Nahmen des Reichs unterhandlen und abschliessen.

Was als Ausnahme der obigen Verordnung angesehen werden kann, enthält der neunte Paragraph des Art. V. in den Worten:

Plura-

Pluralitas autem votorum in caufis religionem five directe, five indirecte concernentibus nequaquam attendatur

sodann der zwey und fünfzigste Paragraph des nämlichen Artikels:

In caufis religionis omnibusque aliis negotiis, ubi status tanquam unum corpus confiderari nequeunt, ut etiam Catholicis et Auguftanae confeffionis Statibus in duas partes euntibus, fola amicabilis compofitio lites dirimat, non attenta votorum pluralitate.

Wenn die Protestanten nach ihren Wünschen allein entscheiden wollen, welcher Gegenstand die Religion betrift, welcher nicht; so ist offenbar der §. 2, des Art. 8., in welchem den katholischen und protestantischen Ständen ihr freyes Stimmrecht zugesichert wird, überflüßig. Nicht weniger unnütz sind alle die in Ansehung der Religionsgegenstände in dem Friedensinstrumente so sorgfältig getroffene Verfügungen. Die Einheit des deutschen Reichstags ist aufgelöset, alles, was nicht durch Vergleiche zu Stande gebracht werden kann, muß auf sich beruhen und der Willkühr, der Uebermacht Einzelner ist dadurch der freyeste Spielraum gegeben. Sobald man protestantischer Seits etwas einseitig, wenn es auch noch so verfassungswidrig wäre, durchsetzen wollte, so würde die Behauptung, daß es die Religion indirecte concernire, schon hinreichen und jeder politische wird in geschikten Händen leicht ein Religionsgegenstand, wenn es nur darauf ankommt, einen indirekten Einfluß der Religion aufzusuchen. Salzburg hat im Jahre 1704 Magdeburg, welches diesen neunten Paragraphen zum Beweise der Meinung seines Religionstheiles anführen wollte, ganz gut geantwortet p), daß er ad quaeftionem nicht wohl

---

p) S. Schauroth Th. I. S. 428.

wohl applicabel seyn könne, da er nichts eigentlich und in Terminis von der Sache, so in quaestione controversa wäre, statuite; wann mann aber gleichwohl und ultro berührten Sphum extra illos in se continentes casus pro quadam dispositione generali annehmen wollte, so wäre doch nicht abzusehen, wie daraus auf einige Weise inferirt worden möchte, daß Ihnen Augsb. Konfessionsverwandten die denominatio Deputandorum ihrer Religion privative et cum exclusione Catholicorum gebührte. Dann aus dem antecedenti: Pluralitas votorum in causis religionem sive directe sive indirecte concernentibus nequaquam est attendenda, würde wohl niemand diese Consequenz, *ergo Protestantibus competit jus denominandi Deputandos suae religionis privative cum exclusione votorum catholicorum* gut heissen können; imo diese argumentation contradicirte sich selbst in terminis, cum pluralitas non possit non attendi; nisi possit adesse pluralitas. Weilen dann in diesem Spho die pluralitas votorum catholicorum praesupponirt würde, so könnte sie ja nicht ausgeschlossen, noch ein mehrers daraus inferirt werden, als daß man in illis casibus secundum pluralitatem seu majora Catholicorum nicht schliessen oder verfahren sollte." — Salzburg hat hier um so mehr richtig und wahr gesprochen, als die Protestanten selbst nicht läugnen, daß die Deputationen meistens wegen politischen Gegenständen angeordnet werden p). Sie gestehen also ein, daß nur zufällig etwas auf Religion Beziehendes vorkommen könnte; ereignet sich der Fall wirklich, so ist nichts für sie verlohren, indem die Deputation aus gleicher Anzahl Mitglieder von beyden Religionstheilen bestehet, folglich einen Mehrheit

---

p) Hr. Doktor Sattler sagt S. 41 in der angeführten Schrift: „Es ist nun zwar keinem Zweifel unterworfen, daß gewöhnlich die Geschäfte der Reichsdeputationen keine Religionssachen zum Gegenstande haben. ꝛc. ꝛc.

heit der Stimmen nicht Platz greift. So sonderbar es wäre, wenn bey einem jeden Gegenstande, der auf dem Reichstage proponirt wird, derselbe deswegen sich in zwey Religionstheile theilen wollte, weil in der Folge der Berathschlagung indirecte etwas in Bezug auf Religion vorkommen könnte, eben so sonderbar wäre es, wenn eine jede Deputation gleich von den beyden Religionspartheyen einzeln deswegen erwählt werden sollte, weil es möglich wäre, daß bey derselben auch ein indirecte auf Religion Bezug habender Punkt sich einmischen könne.

Was die zweyte Ausnahme in dem 52ten §. des V. Artikels betrift, so will ich, ohne mich in eine weitere hieher nicht gehörige Ausführung des juris eundi in partes einzulassen q), nur bemerken, daß die Ausdehnungen, welche die Protestanten dieser Stelle geben Sinn und Ausdruck geben wollen, nie von den Katholiken zugestanden worden ist, und nie zugestanden werden kann. Angenommen, daß man auch katholischer Seits das jus eundi in partes nicht bey den juribus singulorum allein, sondern gegen den ganzen Gang der Verhandlungsart in allen causis politicis zugeben wollte, so würde selbst daraus nichts zum Beßten der einseitigen Wahl außerordentlicher Reichsdeputirten gefolgert werden können, da der ausdrückliche Zusatz: ubi status tanquam unum corpus considerari nequeunt, eine wenigstens gemeinschaftliche Wahl einer außerordentlichen Reichsdeputation zu Friedens = Geschäften ganz widerspricht. Die Reichsgesetze erklären, wie schon der obige neunte §. zeigt, Friedensverhandlungen als solche Gegenstände, bey welchen die Stände unum corpus bilden. Das allgemeine Staatsband muß auch ganz weggeläugnet werden, wenn man

nicht

---

q) S. Ickstadt de causis, in quibus Imperii status tu partes eunt, a jure suffragiorum majorum exceptis.

nicht wenigstens in dem Verhältnisse gegen Auswärtige, in diesen Fällen, wo es nur auf Erhaltung des ganzen Staatskörpers ankömmt, dessen Einheit annehmen wollte. Die Nachgiebigkeit der Katholiken kann sich nie gegen die ausdrücklichen Worte des Reichsgrundgesetzes ausdehnen, sie kann nicht mitwirken helfen, daß aus einem geordneten Staate, dessen Haupt und Glieder innigst vereint seyn müssen, eine Anarchie werde. Diese ist unvermeidlich, wenn die in allen wohleingerichteten Gesellschaften eintretende Majorität der Willkühr einzelner Staatsmitglieder in allen Fällen preis gegeben ist, wenn blos politische Rücksichten einen Theil berechtigen können, sich als getrennt zu halten, da der w. Friedenskongreß Einheit, nicht Trennungen, welche leider vorhin existirten, bewirken wollte. Der Herr Doktor Sattler r) will zwar zum Beweise, daß die Mehrheit der Stimmen so oft nicht Statt finde, als die Stände Katholischer und A. C. Seits in zwey Theile gehen, sich auf den veralteten Grund beziehen, daß im Jahre 1672, als die Rede von Bestellung vier Generalmajors war, und die Katholiken den kleinern Theil ausmachten, dieselbe selbst zu dieser Erklärung der bekannten Stelle des w. Fr. ihre Zuflucht genommen hätten; allein ohne zu erinnern, daß dieses ein jus singulorum des katholischen Religionstheiles war, und schon vermöge des w. Friedes die Katholiken das Recht hatten zu verlangen, daß auch ein Generalmajor zu Pferde von ihrer Seite aufgestellt werde, so war ja selbst nicht einmal eine Trennung der Katholiken per majora vorhanden. Man trug damalen nicht auf einen Vergleich zwischen den Katholiken und Protestanten, sondern zwischen den bey der Kavallerie vorgeschlagenen zwey protestantischen Fürsten an; von einigen wurde aber die Meinung geäußert, daß man die ganze Sache der Judikatur Ihro

Majes

---

r) In der a. S. S. 43.

Majestät überlassen solle. Ueberhaupt liefern unsere Staats=
akten die beßten und nicht seltene Probe.¹), daß man weder
in der That, noch mit Worten den die kollegialische Verfas=
sung zerstörenden Satz, daß in allen Fällen, wo die Prote=
stanten in Theile gehen wollen, keine Mehrheit der Stim=
men Platz greife, zugegeben hat. Treflich sprach der mün=
sterische Gesandte den 1ten Oktober 1704 im Reichsfürsten=
rathes): „wofern dieser Sphus auch über den Punctum juris und
der Stånden Gerechtsame verstanden werden könnte oder müßte,
so würde es keiner Mühe gebrauchen, alle des Reichs Fun=
damental=Gesetze, mithin das ganze Systema Imperii übern
Haufen zu werfen, indem, wann und so oft denen Catholischen
Ständen der A. C. Verwandten Gerechtsame et vice versa
denen A. C. verwandten Ständen deren Catholischen Gerecht=
same nicht gefallen oder anständig seyn möchten, je und al=
lezeit es heissen würde: Statibus in partes euntibus sola amicabilis compositio locum habeat und da solchemnach eine amicable composition blos ab arbitrio partium dependirte und
selbige niemalen anderer Gestalt als dato et retento gemacht
zu werden pflegte; so wäre die consequentia infallibilis, daß
kein Stand im römischen Reich seiner Befugniß und Gerecht=
same mehr gesichert wäre, sondern zu allen Zeiten das in partes
euntibus die amicable composition und das dato et retento
befahren müßte."

§. 23.

Das freye Stimmrecht der einzelnen Ständer zu Ernen=
nung außerordentlichen Deputationen hat also nach meiner
Meinung weder durch den neunten Paragraphen des V, noch
durch den 5aten Paragraphen des VIII. Art. eine sich hie=
her

---

¹) S. Schauroth S. 428.

her beziehende Einschränkung erhalten; denn bey außerordentlichen Deputationen ist weder von einem Gegenstande, welcher auf die Religion direkten oder indirekten Bezug hat, die Rede, noch tritt nach der reinen Erklärung des §. 52 bey den Wahlen derselben einer jener Fälle ein, welche zur einer Itione in partes geeigenschaftet sind. Nicht die Friedenshandlungen allein werden als ein eigentlicher Komitialgegenstand von den Gesetzen ausdrücklich erkläret; auch von den Kammergerichtsvisitationen, zu welchen außerordentliche Deputationen zuweilen angeordnet werden, wird das nämliche verfüget; denn der 3te §. des VIII. Art. des Friedensinstrumentes, bestimmt ausdrücklich:

in proximis vero, comitiis emendetur inprimis anteriorum conventuum defectus — ac tunc quoque de reformatione politiae et justitiae, taxae sportularum in judicio camerali ex communi omnium statuum consensu agatur et statuatur."

Beyde Geschäfte müssen demnach nach ausdrücklicher Vorschrift der Gesetze communi omnium statuum consensu vorgenommen, folglich auch von einem jeden einzelnen Mitgliede des Reichstages auf jeden hiezu abzuordnenden Deputirten gestimmt werden. Noch ausdrücklicher ist es in einer andern Stelle des westphälischen Friedensinstrumentes festgesetzt, daß die Bestimmung der Reichsdeputirten eine Komitialsache ist. Der 5te Paragraph des V Artikels verordnet:

„In conventibus Deputatorum Imperii ordinariis, numerus ex utriusque religionis proceribus aequetur. *De Personis autem vel Statibus Imperii adjungendis in comitiis proximis statuatur:* In horum conventibus Itemque Comitiis universalibus sive ex uno, sive duobus aut tribus Imperii Collegiis quacunque occasione ant

ad

ad quae cunque negotia deputandi veniant, aequetur Deputatorum numerus ex utriusque religionis proceribus. Ubi extraordinariis Commissionibus negotia in Imperio expedienda occurrunt, si res inter Augustanae Confessionis status versatur, soli eidem religioni addicti deputentur, si inter Catholicos, soli Catholici, si inter Catholicos et Augustanae Confessionis status utriusque religionis Commissarii pari numero denominentur et ordinentur."

Diese Stelle verfüget zwar nur in Ansehung der Adjunktion der Stände zu den ordentlichen Deputirten, daß diese auf dem nächsten Reichstage vorgenommen werden solle — sie enthält davon, wie die Mitglieder zu außerordentlichen Deputationen erwählt werden sollen, keine Sylbe, wohl aber schärft sie mit der größten Sorgfalt ein, daß bey Ernennung der Deputirten eine gleiche Zahl von beyden Religionstheilen beobachtet werde. Warum die Wahl außerordentlicher Deputirten keine besondere Verfügungen hier erhielt, ist leicht erklärbar. Die Protestanten haben, wie schon oben bemerkt worden, kein anderen Wunsch als Religionsgleichheit in der Zahl gehabt t); es schien ihnen Vortheil genug, diese Wünsche erreicht zu haben, und sie hielten auch in der That eine ausdrückliche Verfügung überflüßig, weil es sich von selbst verstehen mußte, daß dasjenige, was der w.

Frie=

) Ihre Erklärungen und die wechselseitige Verhandlungen bey Mejern T. I., II., III. und IV. überzeugen uns vollkommen.

u) Es wird meiner unvorgreiflichen Meinung nach bey Bearbeitung mancher staatsrechtlichen Geschäfte hierinn sehr gefehlet, daß man den w. Frieden oft nicht als Ausnahme betrachtet, alles was vorher bestanden ist, und selbst die ältern Gesetze, die durch den w. Frieden bestätiget sind, vergißt, und das für ungegründet, unbestimmt hält, was nicht dieses Instrument bestimmt hat.

Frieden nicht ausdrücklich abänderte, in der bisher gewöhnlichen Art beybehalten ward u). Ueberdieß war schon die Bestimmung, daß diejenigen Stände, welche den außerordentlichen Deputirten zu adjungiren, auf dem nächsten Reichstage gewählt werden sollen, vorausgegangen. Die Urheber dieses Friedens konnten mit Recht hoffen, daß ihre Nachkommen in der Aehnlichkeit, welche zwischen ordentlichen und außerordentlichen Deputationen unverkennbar ist, hinreichende Beweggründe finden würden, ihren Willen zu erkennen, und die Verordnung für den erstern auch für den letztern Fall gelten zu lassen. Die analogische Untersuchung in der Folge wird uns zeigen, daß sie eben so wenig irrig urtheilten, als es gewiß ist, daß ihr eignes Beyspiel den Beweis liefert, wie entfernt sie selbst von dem Gedanken gewesen sind, dieser Stelle eine Deutung zu geben, welche ihre Nachkommen mühsam zu erkünsteln suchten v).

Herr Professor Weiße sucht den Grund, welchen Hagen für die katholische Meinung anführet, daß nämlich damalen nie davon, daß ein jeder Religionstheil die seinige Deputirte wählen solle, die Rede gewesen seye, dadurch zu entkräften, daß er behauptet, man könne sich verschiedene Ursachen denken, warum die Protestanten auf diesen Punkt bey jenen Verhandlungen keine Rücksicht genommen hätten. „Denn 1) wurden die weitern Forderungen der Protestanten, fährt er fort, auf dem westphälischen Friedens=Congreß durch vorhergegangene Beschwerden veranlaßt; über den streitigen Gegenstand aber war nicht eher eine Beschwerde möglich, bis zuvor die

Reli=

---

v) Die meiste Gesandten, die das Friedensinstrument errichtet haben, folglich den Sinn desselben am besten kannten, waren auf dem Reichstage 1653 und 1654. und zeigten durch ihr eigenes Beyspiel die wahre Deutung.

Religionsgleichheit unter den Mitgliedern der außerordentlichen Reichsdeputation grundgesetzlich bestimmt worden war. 2) Konnten die Protestanten eine ausdrückliche Versicherung dieses Rechts deswegen leicht für überflüßig halten, weil sie sich ohnedieß gegen alle nachtheilige Wirkungen der Stimmenmehrheit durch das ihnen zugestandene jus eundi in partes genug gedeckt glaubten." w)

Es wird niemand läugnen, daß über eine Sache, die bey einer geeigneten Berathschlagung mit Stillschweigen übergangen wird, sich mancherley Ursachen denken lassen, da sich eine und die nämliche Sache von mehreren Menschen auch unter mehreren Gesichtspunkten betrachten laßt. So wie sich aber der Herr Professor diese Ursachen denkt oder vielmehr mühsam aufsucht, so lassen sich andere mit weit mehr Wahrscheinlichkeit finden, und immerhin werden die wahrscheinlichsten auch das meiste Gewicht behalten. Wenn ein Gesetz über einen Fall nicht entscheidet, aber über einen ganz ähnlichen Verfügungen trift x), wenn dasselbe überhaupt als Ausnahme der bisherigen Regel aufgestellt wird, so ist es gewiß mehr als wahrscheinlich, daß es nach dem Willen derer, die das Gesetz errichteten, entweder bey der schon gegebenen Entscheidung des ähnlichen Falles,

---

w) S. 87. in der a. S.

x) Herr Weiße will zwar S. 85 nicht gelten lassen, daß die in Aufhebung der ordentlichen Deputationen in dem Gesetze getroffene Verfügung die Absicht habe, die Art und Weise der Wahl zu bestimmen, sondern vielmehr die Zeit, wann sie geschehen solle. Es seye Haupt- oder Nebenabsicht, genug das Gesetz bestimmt, die Wahl soll auf dem nächsten Reichstage geschehen, es sagt also doch wahrlich und wenn es auch nur zufällig geschiehet, deutlich, daß die Wahl auf den Reichstag gehört. Wäre es Sache der Religionstheile, so wäre sie nicht so unbedingt an den Reichstag, der aus drey Kollegien bestehet, verwiesen worden.

Falles, oder der bisherigen Regel bewenden solle. Man nehme eines oder das andere hier an, so wird es immer nur für die gemeinschaftliche Wahl sprechen.

Diese Ursachen sind um so anwendbarer und wahrscheinlicher, weil die Forderung der einseitigen Wahl mit der Forderung von Religionsgleichheit in der Zahl so in Bezug stehet, daß wenn auch keine vorhergegangene Beschwerden dieselbe veranlassen konnten, doch schwerlich zu glauben ist, daß die Protestanten sich so ganz nur an die eine Frage sollten geheftet, und die mit der Hauptbeschwerde in einiger Verbindung stehende Nebenfrage verabsäumt haben, wenn es ihre Absicht gewesen wäre, etwas weiteres zu verlangen. Die vorhandene Verhandlungen über den westphälischen Frieden sind die vollkommensten Beweise, daß die Protestanten einen Gegenstand immer unter allen Gesichtspunkten betrachteten. Die Absicht des Gesetzes, Religionsgleichheit, sagen sie, könne nicht erreicht werden, wenn die Wahl gemeinschaftlich geschehe, und doch sollte man bey Abfassung des Friedensinstrumentes, in welchem man auch die kleinsten Punkte mit so viel Sorgfalt zu bestimmen suchte, an diesen nicht gedacht haben? — das laßt sich schwer denken! Wenn ferner die Protestanten, wie Herr Professor Weiße meinet, bey Abfassung des Friedensinstrumentes eine ausdrückliche Versicherung eines einseitigen Wahlrechtes deswegen leicht überflüßig halten konnten, weil sie sich ohnedieß gegen alle nachtheilige Wirkungen der Stimmenmehrheit durch das jus eundi in partes genug gedeckt glaubten, so haben gewiß ihre Nachfolger, die das jus eundi in partes noch weit mehr übertreiben wollen, wenigere Ursache, so vielfältige Streitigkeiten über einen so unbedeutenden Gegenstand zu erheben, und demselben einen so großen Werth beyzulegen. Es sind also in der That keine Gründe vorhanden.

den, eine Abweichung von der gewöhnlichen kollegialischen Berathschlagung mit so vielem Eifer zu verlangen.

§. 24.

Sowohl die protestantischen Reichsstände y), als auch deren Schriftsteller z) haben bisher den §. 51. Art. V. für sich anwenden, und ihre Meinung aus demselben rechtfertigen wollen. In Ansehung der ordentlichen Reichsdeputationen, sagen sie samtlich, ist es richtig, daß die Wahl deren Mitglieder dem nächsten Reichstage vorbehalten ward; da aber dieser Zusatz bey der nachfolgenden Verordnung über die ausserordentliche Deputationen nicht wiederholt wird, so kann man daraus schließen, daß die Ernennung zu denselben nicht als ein Komitialgeschäft angesehen werde. — Wir haben jetzt nicht mehr nöthig, die auffallende Unrichtigkeit dieses sonderbaren auf den Reichstägen so oft wiederholten Schlußes darzuthun; denn selbst der Herr Professor Weiße, welcher billiger denkt, als daß er Gründe, die sein bekannter Scharfsinn unrichtig findet, nur deswegen annehmen sollte, weil Sie die Stände Seines Religionstheiles vorbrachten, urtheilt hierüber: „daß man bey einigem Nachdenken einsehen müsse, daß der obige Zusatz bey den außerordentlichen Reichsdeputationen nur deswegen fehle, weil die Wahl von diesen, die ganz von den Zeitumständen und von der Willkühr der Reichsstände abhängig ist, unmöglich als ein für den nächsten Reichstag gehöriges Geschäft habe betrachtet werden können." a).

Er

---

y) S. die Magdeburgische und Brandenburgisch-Onolzbachische Erklärungen im Jahre 1704 bey Schauroth Th. 1. S. 404.

z) J. W. Hoffmann in der angeführten Dissertat. p. 29.

a) S. die angef. Schrift S. 85.

Er ist überhaupt mit diesem Argumente seines Religionstheiles gar nicht zufrieden b), weil Seiner feinen Beurtheilungskraft das Gewicht, welches dieser Grund für die Behauptung des Katholischen, nicht des protestantischen Religionstheiles hat, wohl einleuchtet. Es kann Ihm nicht anderst, als zur Ehre gereichen, daß er auch der erste protestantische Schriftsteller ist, der öffentlich wenigstens so viel behauptet, daß man aus dieser Stelle des westphälischen Friedens weder für die eine, noch für die andere Meinung etwas Behufiges werde anführen können. Ein jeder wird sich selbst bescheiden, daß Er die Behauptung, besagte Stelle lasse mehr für den katholischen Religionstheil folgern, um sich nicht zu weit von den Meinungen seines Theiles zu entfernen, nicht aufstellen konnte. Wer nach Ueberzeugung urtheilen darf, wird ohnehin gewiß mit dem Salzburgischen Direktorialgesandten sagen müssen: „es ist unwidersprechlich, daß das *Instrumentum Pacis Westphalicae* blos und allein die *paritatem religionis* bey denen Reichsdeputationen, *de modo deputandi* aber nicht das geringste *statuirt* oder ändert, consequenter es bey dem vorigen alten gewöhnlichen *modo deputandi per vota in pleno* gelassen habe." c)

Mit

---

b) „In der That (sind seine Worte) muß man sich um so mehr wundern, wie sich die Protestanten dieses Grundes bedienen konnten, weil sie dabey, in Ansehung der ordentlichen Reichsdeputationen dasjenige zugeben, was sie in Rücksicht auf die außerordentlichen mit so vieler Heftigkeit bestritten." S. 85.

c) Das 8te Gravamen anbelangend, (antworteten die Protestanten den Katholiken bey den w. Friedensunterhandlungen) ist nothwendig, daß der darinn gethane Vorschlag zu Werke gerichtet, und nicht allein bey der ordinari Reichsdeputation die Anzahl der Deputirten von beyden Religionen gleich gemacht; sondern auch bey allen

Mit größerem Recht, fährt Hr. Prof. Weiße fort, „berufen sich die Protestanten auf die Absicht des Gesetzes, welche doch unstreitig darauf gerichtet ist, die vollkommene Gleichheit beyder Religionstheile, die überhaupt bey allen Reichsgeschäften die Regel ausmacht, auch bey den Reichsdeputationen festzusetzen. Diese nämlich kann nicht erreicht werden, sobald man zugiebt, daß den Katholiken erlaubt sey, durch die Mehrheit der Stimmen solche protestantische Mitglieder auszuwählen, die entweder das Vertrauen ihres Religionstheiles nicht verdienen, oder nicht dasselbige Gewicht und Ansehen haben, als die Katholischen d). „Auf das nämliche bezieht sich auch Herr Doktor Sattler e), nicht aber in dem bescheidenen und ruhigen Tone des Herrn Prof. Weiße.

Jeder Zweck, den zu erreichen Religionsgleichheit festgesetzt ist, wird erreicht, wenn auch die Mitglieder der Deputation vom ganzen Reichstage erwählt werden. Die Absicht der Absendung außerordentlicher Deputationen außer dem Orte des Reichstags ist entweder auf Berichtigung Justiz- oder sonstiger politischer Gegenstände gerichtet. Bey beyden ist nur ein Maßstab, der die Vorzüge der einzelnen Mitglieder zu dieser Bestimmung abmessen soll. So lange kein Religionsgegenstand vorkommt, bedarf es auch keines besondern Vertrauens eines Religionstheiles, oder man müßte annehmen, daß der protestantische Religionstheil auch in eigentlichen Reichsgeschäften, eine protestantische Staatspolitik behaupten müsse.

Ereig-

---

allen extra ordinari Deputationibus auf Reichsconventen solche Paritaet in Acht genommen werde, ergehe die Deputation von einem zweyen oder allen dreyen Reichscollegiis. De Mejern t. II, p. 572.

d) S. 85 und 86.

e) a. a. O. S. 81. u. f.

Ereignet sich die Sprache über einen Religionsgegenstand, so sind die Protestanten durch das jus eundi in partes gesichert und es ist überhaupt nicht zu erwarten, daß einzelne ihres Religionstheils in Religionsmeinungen andere Gesinnungen hegen sollten. Zudem würde das, was beyde Herrn für die Protestanten behaupten, eben so gut auch für die Katholiken gelten. Auch Ihnen ist daran gelegen, daß von den Protestanten keine Deputirte, die für sie sprechen sollen, erwählt werden, die nicht ihr Vertrauen verdienen. Ich glaube, es ist beyden und dem ganzen Reiche wichtig, daß zu solchen ansehnlichen Geschäften, nicht so blinde Enthusiasten und Zeloten, sondern **wie der Verfasser der polizeymäßigen Bemerkungen** f) gut sagt, aufgeklärte, tolerante und Mäßigung liebende Deputirte von beyden Religionstheilen auftreten mögen, zu welchen beyde gleiches Vertrauen haben können. Da beyde Religionstheile ein gemeinsames Interesse haben, daß Männer mit solchen Gesinnungen ihre Stelle vertreten, so ist es auch meiner Meinung nach der Absicht des Gesetzes, das nur Majorität in gewissen bestimmten Fällen verhindern wollte, nicht wiedersprechend, wenn die Mitglieder zu Deputationen von dem gesammten Reichstage ernannt werden. Die Protestanten haben dieß bey den westphälischen Friedensverhandlungen vermuthlich eingesehen; sonst würden sie, wenn Sicherheit eine einseitige Wahl forderte, wie bey ordinären Deputationen, wo gleiche Sicherheit erforderlich wäre, die Wahl der Mitglieder auf den Reichstag verwiesen haben. Noch jetzt geben die protestantischen Stände zu, daß bey ordinären Deputationen die Wahl gemeinschaftlich geschehe. Fordert bey diesen die Sicherheit keine einseitige Wahl, warum soll bey bey außerordentlichen Deputationen allein die Sicherheit eine einseitige Wahl verlangen?

§. 25.

---

f) S. 16 und 17. a. a. O.

3) Aus der Reichsobservanz.

§. 25.

Da keines der übrigen Reichsgesetze etwas enthält, was für oder gegen die gemeinschaftliche Wahl eine Folgerung an Handen gäbe, so wenden wir uns zu der dritten rechtmäßigen Entscheidungsquelle — der Reichsobservanz.

Wenn wir die bereits vorgelegte Geschichte der vorgenommenen außerordentlichen Deputationswahlen mit einem umfassenden Blicke durchgehen, so ergiebt sich leicht das Resultat, in wieweit einer der beyden Theile oder wohl alle beyde sich mit Recht auf dieselbe beziehen. Vor und während dem westphälischen Frieden ist unbestritten (§. 1. 2.) die Wahl gemeinschaftlich in allen Fällen vollbracht worden. Auf dem Reichstage von 1653 ward die Ernennung der Mitglieder zu einer außerordentlichen Deputation den Protestanten von den Katholiken zum erstenmale heimgestellt (§. 3.) folglich freywillig überlassen. Diese Heim= oder Freystellung ward auf dem nämlichen Reichstage wiederholt. Mehrere einzelne selbst protestantische Stimmen liefern die Beweise, daß man nur die gemeinschaftliche Wahl als die rechtmäßige Regel ansah. (§. 4. 5.)

Auf

---

s) Der vierte und fünfte Paragraph des XVII. Artikels der Wahlkapitulation Karls VII., über welche der berühmte Churbraunschweigische Reichstags=Gesandte Freyherr von Omptteda verschiedene vortrefliche Bemerkungen in seiner Geschichte der vormaligen ordentlichen=Kammergerichts=Visitationen geliefert hat, würden, wenn sie in den neuesten Wahlkapitulationen beybehalten worden wären, zu verschiedenen Argumenten Stoff gegeben haben, die aber nunmehr von selbst hinweg fallen.

Auf dem noch währenden Reichstage geschah die erste Wahl durch ein gemeinschaftliches Konklusum. (§. 6.) Die Deputation zu dem Kongreß mit Frankreich 1681 wurde gegen bisherige Gewohnheit, aber auch mit beyderseitigen Reservationen mit bewegenden Ursachen von einem jeden Religionstheile besonders vorgenommen. (§. 6.) Die Deputirte zu dem ryswiker Frieden wurden **mit Reservation der Katholischen** zur Erleichterung der Sache von jedem Religionstheile ernannt. (§. 7.) In dem Jahre 1705 zur außerordentlichen Kammergerichtsvisitation geschah in dem fürstlichen Kollegium mit beyderseitigen Reservationen für dasmalen die Wahl von jeder Religionsparthey. Im kurfürstlichen finden wir das Gegentheil (§. 8). Das Jahr 1709 liefert eine mit Reservationen geschehene **gemeinschaftliche Wahl** (§. 9.) 1710 verglichen sich beyde Religionstheile über die zu ernennenden Deputirte — (§. 10.) 1741 und 1764 wurden sie aber von dem kurfürstlichen Kollegium provisorisch **durch vermischte Stimmen** ernannt, (§. 12.) Bey der außerordentlichen Kammergerichtsvisitation 1774 ward **unbedingt auf gemeinschaftliche Art zu Werk gegangen**. (§. 13.) Man wollte bey einer abermaligen Berathschlagung protestantischer Seits zwar wieder auf einseitige Ernennung antragen; allein der **katholische Theil** widerlegte dieses Verlangen, und die Protestanten beruhigten sich während der ganzen **gemeinschaftlichen Vollendung** dieses Geschäftes. (§. 14. 15. 16.) Von dem Jahre 1795 liegt die **gemeinschaftliche Wahl** mit einer **nach ihrer Vollbringung geschehenen** protestantischen Reservation deutlich vorhanden.

Im ganzen genommen wird es hierdurch klar, daß bis 1681 die Reichsobservanz rein und unbedingt für die Katholiken spricht, von da bis 1774 fast keine Handlung ohne Widerspruch von einem oder dem andern Theile vollzogen worden en. Aechte Reichsobservanz kann in diesem letztern Zeitpunkte für keinen Theil etwas entscheiden. Die jüngsten Fälle begründen aber das neueste untadelhafte Herkommen für die Katholiken. Es würde also keines weitern Zusatzes bedürfen, wenn nicht der Herr Doktor Sattler, dem die neueste Observanz nicht behagen will, es für gut fände, für jetzt die ältere, als Entscheidungsquelle behaupten zu wollen. „Man hat sich ja, (äussert derselbe i) auf die Observanz älterer Zeiten bezogen; Katholiken sowohl als Protestanten hatten daraus ihre Rechte zu rechtfertigen gesucht, nur diese ältere Fälle konnten also für die Observanz zu einer Entscheidungsquelle dienen; auf ihnen blos beruhte die Gerechtigkeit oder Ungerechtigkeit der Ansprüche dieser oder jener Parthie, nachdem sie zu Gunsten der einen oder der andern günstiger sprach. Und gewiß wird ein unpartheyischer Beurtheiler (?) keinen Augenblick anstehen, seine Entscheidung zu Gunsten des evangelischen Religionstheiles zu fällen, da mehr dann hundert Fälle, eine mehr dann fünfzigjährige Observanz auf seiner Seite stehet." Gestünde man dem Herrn Doktor auch wirklich zu, daß die ältere Observanz entscheiden müsse, so würde dieß seiner Meinung doch keinen Nutzen leisten; denn er könnte dadurch, wenn man wirklich mit 1681 zuerst anfangen, und alle vorher gegangene ohne Widerspruch gemeinschaftlich geschehene Wahlen vergessen wollte, höchstens den Vortheil erringen, daß die Reichsobservanz weder für seinen, noch den katholischen Religionstheil hier als Entscheidungsquelle angenommen werden könnte. Es wird aber, glaube ich, wohl bey keinem Unpartheyischen zweifelhaft seyn, daß die jüngste Observanz hier die Entscheidung geben müsse.

―――――――――――
i) A. a. O. S. 28 und 29.

So wie ein neueres Gesetz ein älteres aufheben kann, so hebt gewiß auch neuere Observanz eine ältere, wenn sie ihrer wahren Natur nach vorhanden ist, auf. Es ist hier aber nicht einmal eine ältere Observanz zu Gunsten der Protestanten vorhanden; denn den Fällen von 1681 an bis in die neuere Zeiten fehlt es an allen Eigenschaften einer giltigen Observanz sowohl für den einen, als den andern Theil. Die gemeinschaftliche Wahl wurde zwar vermöge der vorhergegangenen Observanz als Schuldigkeit gefordert; allein von dem Gegentheile nicht zugestanden, sondern öfters sein vermeintes Recht reserviret. Wir finden zwar auch einige mit der vorhergehenden Observanz mehr übereinstimmende Fälle; allein man hat nicht nöthig, katholischer Seits dieselbe zu Hilf zu nehmen. In den neuesten Zeiten finden wir die vorgekommene Handlungen, welche ohnehin den jüngsten Besitzstand begründen müssen, mit dem Gepräge einer wahren Observanz bezeichnet. Die gemeinschaftliche Wahl geschah öffentlich, nicht bittweise oder aus Irrthum. Die Protestanten wollten widersprechen, der katholische Theil blieb aber auf seiner Behauptung und forderte die gemeinschaftliche Wahl als Schuldigkeit. Die gegenseitige Interessenten willigten stillschweigend ein; denn sie setzten dem offenbaren Widerspruche nichts entgegen und waren bis zur Vollendung des Geschäftes vollkommen beruhiget. Sie änderten zwar, wie sie sagten, in Jahre 1774 etwas weniges ab, so jedoch den *Votis Catholicorum* nicht widersprche; und bey dem neuesten Vorfalle erfolgte die Reservation, da bereits [alles] abgethan war. Eine wahre Protestatio facto contraria!

§. 16.

§. 26.

Die neueste Observanz, der Besitzstand, in welchem sich die Katholischen durch die neuesten Fälle befinden, ist um so stärker, weil er mit der Wahlart, welche bis zum Jahre 1681 ohne Widerspruch von den Protestanten mit dem stillschweigenden Anerkenntniß der Nothwendigkeit beobachtet wurde, ganz übereinstimmt. Die Protestanten haben dadurch zu erkennen gegeben, daß sie von ihrem mehrmalen unrichtig bezeigten Verlangen abstehen, und so hat sich die neueste Observanz mit der ältesten, die im ganzen durch Widersprüche nicht eigentlich aufgehoben werden konnte, wieder vereiniget. Der Herr Professor Weiße will diese ältesten Ereignisse als eine Observanz nicht gelten lassen, „weil sich nicht erweisen lasse, daß sie durch die Meinung einer rechtlichen Nothwendigkeit, welche zu einem jeden verbindlichen Herkommen vor allem andern erforderlich seye, wäre veranlaßt worden," i) Bis zum Reichstage von 1654 hat er nicht Unrecht; denn daß bis dahin die Wahl gemeinschaftlich geschehen ist, reicht nicht hin, eine ganz vollkommene Observanz zu bilden, weil aus einer Handlung, die auf diese oder jene Art geschiehet, nicht folgt, daß sie auf eine solche auch künftig wieder geschehen müsse. Von dem Reichstage von 1653 an glaube ich aber nicht ohne Grund, eine gehörig geeigenschaftete Observanz herleiten zu können. Die Ernennung der Deputirten wurde in der siebenten Sitzung gedachten Reichstages von dem katholischen dem protestantischen Religionstheile heimgestellt. Ein gleiches geschah in der zwölften außerordentlichen Sitzung. Die Katholiken gaben dadurch gewiß deutlich zu erkennen, daß sie die gemeinschaftliche Wahl der Deputirten als eine Handlung ansehen, die sie als Schuldigkeit fordern können.
Sie

---

i) S. die angeführte Schrift S. 89.

Sie gestatteten als Interessenten durch die **Heimstellung** für diesen Fall eine Ausnahme von der gewöhnlichen rechtmäßigen Handlung — von der wahren Regel. Würden die Protestanten eine gemeinschaftliche Wahl nicht als Regel, nicht als Schuldigkeit von ihrer Sekte betrachtet haben, so hätten sie sich das Recht zu einer einseitigen Ernennung von den Katholiken gewiß nicht heim = oder was das nämliche ist, freystellen lassen. Man kann uns ein Recht, das uns ohnehin gebühret, würden sie erwiedert haben, nicht **heimstellen** und **Ausnahmsweise** überlassen. Das stillschweigende Anerkenntniß der Protestanten, daß eine gemeinschaftliche Wahl die Regel seye, wird also dadurch ganz unverkennbar. Von diesem Zeitpunkte bis zu jenem, wo die Protestanten mit Protestationen und Reservationen erschienen sind, laßt sich also erweisen, daß die Meinung der rechtlichen Nothwendigkeit, welche Herr Professor Weiße mit Recht fordert, vorhanden war.

Dem Hrn. Professor scheinet zwar die **Heimstellung**, welche damals geschehen ist, nicht die Voraussetzung zu rechtfertigen, daß in der Regel eine vermischte Wahl statt finden müsse k). Seine Gegengründe kann ich jedoch nicht entschöpfend halten. Sie sind folgende: a) es konnte eine solche Anheimstellung deswegen nothwendig scheinen, weil die katholischen Reichsstände das Recht der besondern Wahl bezweifelten. — Gewiß haben sie es nicht nur allein bezweifelt, sondern auch wirklich gar nicht anerkannt. Die Protestanten zeigten aber dadurch, daß sie sich ein Recht in einem einzelnen Falle anheim stellen ließen, wie sehr sie das Recht der Ausübung desselben außer einer an sie geschehenen Anheimstellung selbst bezweifelten. b) Meint Er, eine solche Anheimstellung habe auch vielleicht deswegen nothwendig scheinen

---

k) A. a. O. S. 90.

nen können, weil in einigen vorhergegangenen Fällen die Protestanten sich ihres durch den w. Fr. ihnen versicherten Rechtes nicht bedienet hätten. — Die Protestanten hatten vorher nie auf das Recht einer einseitigen Wahl Anspruch gemacht. Noch weit weniger hätten sie sich eines Rechtes bedienen können, das ihnen der westphälische Frieden gar nicht gegeben hatte. Hat ja der Herr Professor Weiße selbst l) eingestanden, daß sich aus den Worten des w. Friedens für keinen Theil etwas Behufiges folgern lasse.

3) **Es könne auch** (wendet er ferner ein) **ein von dem katholischen Direktorio eines Reichskollegiums gebrauchter Ausdruck die Rechte des protestantischen Religionstheils auf keine Weise schmälern.** m) Giebt es auch ein eigentliches evangelisches **Direktorium eines Reichskollegiums**? Kann ein Direktorium die Ausdrücke in einem Konklusum nach eigenem alleinigen Willen festsetzen, oder wirkt ein Reichskollegium hiezu durch dessen Annahme mit? — Die leichte Beantwortung dieser Fragen löset ohne Mühe den vorgebrachten Einwand. Diese Heimstellung ist, wie die Akten des damaligen Reichstags zeigen, in Gegenwart aller protestantischen Fürsten, also keineswegs heimlich, sondern mit deren vollkommenen stillschweigenden Einwilligung geschehen. Wenn künftig auch die Worte des Direktoriums eines Reichskollegiums, das verfassungsmäßig öffentlich handelt, kein Gewicht mehr haben sollen, weil das Direktorium katholisch ist, da doch Religion in einem Reichskollegium keinen Unterschied des Verfahrens begründet, dann ist es wahrlich um die Grundzüge der deutschen Reichsverbindung, deren Vortheile der

Herr

---

l) In der bereits angeführten Stelle S. 84 und 85.

m) Die drey Gegengründe sind S. 90 zu finden.

Herr Professor ehemalen so schön entwickelte n), größtentheils geschehen.

Auf die neuesten Vorfälle zum Vortheile der Katholiken erwiedert Herr Professor **Weiße**, daß sie wegen den von den Protestanten eingelegten Reservationen keine rechtliche Veränderung bewirken konnten. Hierüber bedarf es, da ich davon schon näher gehandelt habe, keiner weitern Ausführung. Zudem hat es mit der eingelegt seyn sollenden Reservation vom Jahre 1774 nicht einmal seine volle Richtigkeit; denn das lange nachher errichtete einseitige Konklusum kann doch wohl nicht dafür gelten.

§. 27.

Wenn man die bisher vorgetragenen Gründe, verbunden mit der Geschichte der Deputationswahlen nur flüchtig übersieht, so verfällt man gewiß nicht auf den Gedanken, daß es Herrn Doktor **Sattler** in Sinn kommen konnte, die Observanz als sein bestes Argument gebrauchen zu wollen. Gleich im Eingange seiner ungestümmen Abhandlung will er finden, daß die deutschen Reichsstände einen Weg bey der letzten Deputationswahl eingeschlagen haben, der von der ältern Observanz gänzlich abweicht, so sehr es auch das Interesse der Protestanten erfordert hätte, strenge auf ihren ehemaligen Grundsätzen zu beharren. o) Ohne zu erwähnen, wie unschicklich es ist, daß der Herr Doktor nach dem Beyspiele **Churbrandenburgs** im Jahre 1774 gleichsam Verweise austheilen will, begnüge ich mich, denselben auf die bereits vorge-

---

n) In der Abhandlung unter dem Titel: Von den Vortheilen der deutschen Reichsverbindung. Leipzig 1760.

o) S. §. I.

vorgelegte Geschichte der Deputationswahlen zu verweisen. Gleichen Werthes ist die Behauptung S. 10. „daß gleich bey Eröffnung des vorigen Reichstages die Katholische das Recht der Protestanten, die ihrige allein zu benennen, als ein denselben zukommendes Recht angesehen." Er träumt sogar S. 12 und 13, „daß die Katholiken die einseitige Wahlart für gesetzmäßig und natürlich gehalten hätten, daß einer und der andere derselben nur in der Art eines bloßen Rathes oder Beyfalles zur Wahl der Deputirten eines andern Religionstheiles zuweilen mit gewirket habe, und daß die Katholiken mit Aengstlichkeit auf einen Zeitpunkt und Gelegenheit gepaßt hätten, sich in das Mitwahlrecht einzudringen, und dadurch in den Besitz zu setzen." Endlich entscheidet er auch noch S. 30. die ganze Sache ein für allemal dahin, daß die Observanz von mehr als einem Jahrhunderte für dieses einseitige Wahlrecht der Protestanten unwiderleglich spreche." — Salzburg antwortete Magdeburg auf einen umständlichen Bericht, den vermuthlich der Hr. Doktor Sattler in der angekündigten großen Abhandlung liefern wird, im Jahre 1704" p) was sonsten de actibus possessoriis et nunquam interrupta observantia denominationis privativae gegenseitigen Theils gemeldet worden, falle alles von sich selbst weg, da man dieses Orts in vorigem Voto das glatte Widerspiel und actus contrarios angezeiget." Mehreres habe auch ich dem Herrn Doktor nach meinen Voraussetzungen auf seine leere Geschichtswidrige Behauptungen nicht zu erwiedern.

Vorzüg=

---

p) S. Schauroth Th. I. 429. Was Magdeburg mit Gründen in diesem Berichte auszuführen suchte, legt der Herr Doktor ohne Gründe als Machtspruch vor. Freylich haben wir im Buchhandel noch eine ausführliche mit Pomp angekündigte Abhandlung von ihm zu erwarten. Der Verf. der polizeymäßigen Anmerkungen meint aber nicht ohne Grund, daß sie überflüßig seyn werde.

Vorzügliches Heil für den Beweis der Observanz auf seiner Seite suchet Er in dem von den Protestanten unter sich festgesetzten ordine ambulatorio, „welcher Norm sie beständig treu geblieben, welche von den Katholiken als gesetzmäßig anerkannt, sogar nachgeahmt und dadurch die Befugniß des einseitigen Wahlrechtes gesichert worden seye. So oft der modus deputationis beliebt gewesen, seye Magdeburg gleich mit den Ständen der evangelischen Religion, die die Ordnung getroffen habe, aufgetreten. Wenn die Katholischen sich lange wegen ihrer Deputirten nicht hätten vereinigen können, so hätten immer die Protestanten erklärt, daß sie mit ihren Deputirten gefaßt seyen — ohne Heimstellung und Ueberlassung durch Majorität, seyen von Salzburg oder Oesterreich die katholischen, von Magdeburg aber die protestantischen Mitglieder zur Deputation zu Protokoll angezeigt worden. Selbst dann, wenn der eine Theil sich lange Zeit nicht wegen der Deputirten aus seinem Mittel habe vereinigen können, seye es von den Mitgliedern des andern Religionstheiles nicht gewagt worden, sich in diesen Streit zu mengen." q)

Der Hr. Doktor verwechslet offenbar die Gattungen der außerordentlichen Reichsdeputationen miteinander, so wie es Magdeburg in seinem bereits angeführten umständlichen Berichte, dem er blindlings folgt, gethan hat, ohne daß er den großen Unterschied, der zwischen denselben Statt hat, aufsuchet. Die außerordentlichen Reichsdeputationen werden eingetheilt in solche, die an dem Orte des Reichstages und in solche, die außer dem Orte des Reichstages sich versammeln. r) Ersteren werden unbedeutende Geschäfte, welche nicht

ohne

---

q) S. 16. u. f.
r) Weiße in der a. A. S. 4.

ohne Beschwerlichkeit von allen Ständen geschehen könnten, übertragen. Sie verrichten sie im Angesichte des ganzen Reichstags und es ist bey ihnen eine Wahl im Grunde überflüßig, weil die übertragenen Gegenstände sich lediglich auf Ceremonial beziehen. Es gehören zu denselben, sagt Herr Professor Weiße, die Reichsdeputationen, welche Reichsgutachten überbringen, oder einen Glückwunsch im Nahmen des Reiches abstatten sollen. s) — Von ganz anderer Art sind aber die Reichsdeputationen, welche sich außer dem Orte des Reichstags versammeln, und zu welchen die Visitationen des Kammergerichtes und die Reichsdeputationen zu Friedensverhandlungen gehören. Bey diesen kommen, wie die Protestanten 1664 selbst sagten, t) industria personarum oder andere Umstände in Betrachtung. Hier ist nie ein ordo ambulatorius eingeführt worden, und es würde den Protestanten selbst nicht recht seyn, wenn die Mitglieder zu einer solchen Deputation nach einer fortlaufenden Ordnung eintreten würden, ohne auf die besondern Eigenschaften, die dieser oder jener Stand vor dem andern zu diesem oder jenem Geschäfte besitzt, Rücksicht zu nehmen. Selbst die protestantischen in den Reichsprotokollen oft vorkommende Aeußerungen beweisen, daß sie nie daran dachten, bey Deputationen zu wichtigeren Verrichtungen außer dem Orte des Reichstages, einen solchen ordinem ambulatorium gelten zu lassen.

Es würde gewiß lächerlich seyn, wenn der Reichstag jedesmalen, so oft ein Reichsgutachten K. Majestät gegeben,

ein

---

s) A. a. O. S. 5. Gegenwärtig werden diese Komitial-Deputationen vorzüglich nur zu den benannten Gattungen der Geschäfte gebraucht. Ehemalen geschahen aber auch andere Verrichtungen z. B. Abstattung der Glückwünsche u. s. w. durch solche Deputirte.

t) S. Schauroth Th. I. S. 421.

ein Schreiben gesiegelt, ein Glückwunsch abgestattet oder ein Reichsgeneral verpflichtet werden sollte, eine Zeit versplitternde Wahl hätte anstellen wollen. Auf Verrichtungen dieser Art, die ohnehin auch kein ganz besonderes Vertrauen erfordern, hatte jeder Reichsstand gerechten Anspruch zu machen. Die Einführung eines ordinis ambulatorii ist also bey Deputationen dieser Art ganz angemessen. Es war stillschweigende vernünftige Konvenienz, daß man, weil doch auch Deputirte von gleicher Anzahl zu solchen Geschäften erfordert werden, zu Abschneidung aller unnöthigen Verzögerung keine neue Wahl, sondern die Ernennung nach einem ordine ambulatorio geschehen ließe. Magdeburg hat in seinem umständlichen Berichte, den es 1704 seinem Namens des evangelischen Religionstheiles abgelegten Votum beyfügte, ein ganzes Heer von solchen kleinen unbedeutenden Reichs-Deputationen aufgeführet. Salzburg erwiederte aber ganz richtig: „Es findet sich zwar, daß oftmals sonderlich in Deputationibus, da die Verrichtung etwa nur in praesentia Statuum bestanden, die Denominatio Deputandorum jedem Theil von beyden Religions-Verwandten reciproce ganz gern ohne auf ein Jus privativum zu gedenken, anheimgegen worden, nicht aber in Deputationibus majoris momenti u)." Als man im Jahre 1710 protestantischer Seits dieses Argument wieder vorbrachte, antwortete Salzburg abermalen: „Ingleichen stringiret ganz nicht, was von dem eingeführten ordine ambulatorio in Deputationibus eingewendet werden wollen, weil man solchen insgemein für gut angesehen, damit kein Stand, sonderlich die weit nachsitzende, nicht in perpetuum davon ausgeschlossen seyn möchten, so aber ganz nicht hindert, daß nicht auch diejenige, die die Ordnung betrifft, auch wohl in pleno denominirt werden mögen." v)

Da

---

u) S. Schauroth Th. I. S. 426.
v) Schauroth a. a. O. S. 446.

Da der Herr Doktor Sattler alles das sehr genau wiederholet, was Magdeburg vor vier und neunzig Jahren sagte, so finde ich noch nöthig, vorläufig einem Einwande zu begegnen, den er aus treuer Anhängigkeit an die ehemaligen Worte dieses Reichsstandes allenfalls künftig vorbringen mögte. Als Salzburg in dem Jahre 1704, wie angegeben, sich auf den Unterschied der Deputationen bezog, versetzte Magdeburg: „die *Distinction inter Deputationes minoris et majoris momenti*, ist in *Instrum. Pacis* nicht befindlich, und um so unfundirter, als sie den vorigen und jetzigen Reichstag über, bey denen Deputationibus maximi momenti Ihre Deputirte solitarie benennet." w) Salzburg hat diesen Einwurf in den folgenden Votis zwar nicht widerlegt; er widerlegt sich jedoch ganz leicht, wenn man nur bedenkt, daß der Unterschied unter Deputationen mehreren oder minderen Gewichts in der Natur der Sache selbst liegt. Der w. Friede hat über die Art, Deputirte zu wählen, ausdrücklich nichts angeordnet. Es ist daher auf selben in dieser Sache gar nicht zu sehen. Aus dem Benehmen der Stände selbst leuchtet deutlich hervor, daß man auch ohne gesetzliche Bestimmung den Unterschied der Deputationen gefühlt, und nach deren größerem oder minderen Werthe den Grad der Sorgfalt und Aufmerksamkeit bemessen hat.

Nach diesen Voraussetzungen erklärt es sich, warum kein Theil in Fällen, wo unbedeutende Deputationen vorkamen, und stillschweigend ein *ordo ambulatorius* angenommen war, sich in die hierüber vorgekommene Streitigkeiten des andern einmischte.

§. 29.

---

w) Schauroth S. 433.

§. 29.

Da ich übrigens bereits oben des Herrn Doktors Sattler Behauptung, daß nur die ältern Fälle zu einer Entscheidungsquelle für die Observanz dienen könnten x), erörtert habe, so erlaube ich mir nur noch einige Worte über die von ihm gepriesene Standhaftigkeit der Protestanten in dieser Sache. Gemäß seiner Versicherung konnten sie immer nur mit ihrer gerechten Standhaftigkeit durchdringen, setzten ihre einseitige Wahlen jedesmalen durch, und erstickten mit gutem Gewissen jeden kühnen Versuch dagegen in seiner Geburth. Der Herr Doktor scheinet hier den Conclusis seines Religionstheiles einen vorzüglichen Werth beylegen zu wollen, welchen ihnen jeder Unbefangene absprechen muß. Das sogenannte Conclusum corporis Evangelicorum, vom Jahre 1774, mittelst dessen die Protestanten ihre anmaßliche Grundsätze zu sichern suchten, beruhet auf eben so unrichtigen That= und Grundsätzen, als jenes, welches in dem Jahre 1710 errichtet ward. Ein solcher einseitiger Schluß nützet weder, um Rechte zu erwerben, noch Rechte anderer zu zerstören. Wenn dieß die Methode wäre, deren sich einzelne nur in gewissen Gelegenheiten giltig eintretende Körper bedienen könnten, so oft es ihr Privatinteresse erheischet, so würden endlich alle Rechte ein Opfer des Stärkern werden, oder wenn nicht ein Theil Verzicht leistete, eine Ausübung der Rechte ganz aufhören müssen. Die erstern Rechtsgrundsätze bringen es mit sich, daß solche Schlüße ungiltig sind, und auf keine Art eine verbindliche Kraft erwirken können. Die angeführte Standhaftigkeit der Protestanten ist nicht einmal das, was man unter Standhaftigkeit eigentlich verstehet. Sie sollte vielmehr

ein

---

x) Magdeburg legte in seinem Votum vom 20ten Jäner 1794 den Fällen des vorhergehenden Reichstags wenigern Werth bey, und bezog sich nur auf die actus novissimos. S. Schauroth Th. I. S. 399.

ein ungerechtes Streben, gegen die Natur der Sache, den Geist der Gesetze, Observanz, Analogie und Billigkeit streitende Handlungen begründen zu wollen, benannt werden. Das Benehmen der evangelischen Kurfürsten in den Jahren 1741 und 1764 zeigt es deutlich, welche Achtung mehrere der vorzüglichsten protestantischen Stände vor diesen einseitigen, willkührlichen Schlüßen ihrer Vorfahrer hatten.

Wie mag der Herr Doktor Sattler behaupten, daß die Protestanten mit gutem Gewissen jeden kühnen Versuch gegen ihr einseitiges Wahlrecht in der Geburth erstickt hätten? — zeigt es nicht das jüngste Beyspiel ganz deutlich, daß in Fällen, wo ihnen die einseitige Wahl nicht überlassen ward, eine gemeinschaftliche ohne Widerrede beobachtet wurde.

4) Aus der Analogie.

§. 29.

Es kann nicht leicht ein Gegenstand dem andern an der Natur, dem Zwecke, den wesentlichen Eigenschaften und Merkmalen so gleich sehen, als eine ordentliche einer außerordentlichen Deputation. Vergebens wird man sich bemühen, einen Unterschied von Bedeutung unter denselben aufzusuchen. Beyde werden von dem Reiche ernannt, und Kaiserlicher Bestätigung überlassen, mit dem einigen Unterschiede, daß die Mitglieder der erstern auf immer, der letzteren nach den vorkommenden Gelegenheiten erwählt werden. Ihre beyderseitige Bestimmung ist, Geschäfte in dem Namen des ganzen Reichs zu behandeln. Die Behandlungsart selbst ist übereinstimmend. Die Geschäfte sind für die ordentliche Reichsdeputationen eben so bestimmt, wie für die außerordentliche, und die Schlüße der ordentlichen haben die nämliche Wirkung, gleich den Schlußsen der außerordentlichen Reichsdeputationen. Die Zeit der Dauer ist also der einige eintretende Unterschied, der aber auf die Aehnlichkeit der beyden Gegenstände ohne Einfluß ist. Churbrandenburg wollte zwar im Jahre 1704 einen großen Unterschied zwischen ordentlichen und außerordentlichen Reichsdeputationen ratione modi eligendi Deputatos finden; denn nur von ersteren verordne der w. Friede, daß die Erwählung in comitiis proximis geschehen solle, ohne daß zugleich auch diese Erwählungsart für die außerordentlichen Deputirte bestimmt werde. y) Allein man erinnere sich nur, daß ich bereits oben bemerkte, daß der w. Friede in Ansehung der außerordentlichen Deputationen das nicht verfügen konnte, was er für die ordentlichen bestimmt hatte. Beyde Deputationen sind auch da sowohl, als auf dem Reichstage von 1653 ganz nach einerley Grundsätzen behandelt worden.

Wenn es sich nun nicht gründlich bestreiten läßt, daß ordentliche und außerordentliche Reichsdeputationen ihrer Wesenheit und ihrem Hauptzwecke nach übereinstimmend sind, so ist es um so unbegreiflicher, wie die Protestanten bey ordentlichen Reichsdeputationen gemeinschaftliche Wahl zugestehen, z) bey außerordentlichen aber verwerfen wollten. Daß sie einmüthig in Hinsicht der erstern dieselbe anerkennen, hierüber sind häufige Proben in den Reichstagsakten und den protestantischen Schriften vorhanden. a) Sie konnten auch diesem Eingeständnisse nicht ausweichen, da der §. 51. des Art. V. so deutlich

die

---

y) S. Scheuroth Th. I. S. 413.

z) Sie haben die Adjunktion zur ordentlichen Deputation nicht durch gemeinschaftliche Wahl vollzogen, sondern auch als gesetzmäßig anerkannt.

a) Ich habe nicht nöthig, hierüber Beweise auszuführen, da der Herr Prof. Weiße selbst S. 85 seine Unzufriedenheit damit bezeigt.

die Adjunktion zu der ordentlichen Reichsdeputation als einen Komitialgegenstand ansieht. Die Urheber des westphälischen Friedens müssen das, was sie von der Adjunktion der ordentlichen Reichsdeputationen angeordnet haben, auch auf den ähnlichen Fall der außerordentlichen Deputationen zuverläßig angewendet wissen wollen. b) Sie würden sich ohne diese Anwendung offenbar selbst widersprechen, so wie sich die Protestanten noch jetzt, da sie in zwey gleichen Fällen zwey verschiedene Wahlarten verlangen, mit sich im Widerspruche stehen. Hat je ächte staatsrechtliche Analogie angewendet werden können, so ist es hier, wo auch ein schärferer Blick des Unbefangenen eine der Analogie im Wege stehende Verschiedenheit der Gegenstände schwerlich je entdecken wird.

§. 31.

Die Mühe, welche sich Herr Professor Weiße giebt zu erweisen, daß man sich von Seiten der Katholiken auf Analogie der ordentlichen Reichsdeputationen nicht berufen könne, ist unverkennbar. „In der That ist es zwar nicht zu läugnen, (sind seine Worte), daß die Protestanten ehedem einigemal in der Meinung gewesen sind, daß die Adjunktion der ordentlichen Reichsdeputation vermöge der schon angeführten Vorschrift des w. Fr. Art. V. §. 51. gemeinschaftlich von beyden Religionstheilen habe geschehen müssen; da sich aber, wie schon oben bemerkt worden, diese Meinung auf einen Irrthum gründet, der überdieß aus dem Bestreben, die besondere Wahl eines jeden Religionstheiles in Ansehung der außerordentlichen Reichsdeputationen zu vertheidigen, entstanden

---

b) Die Gesetze sehen beyde als kleinere Komitien an, und nennen sie auch so.

standen ist, so wird in diesem Falle die Analogie gar keine Anwendung leiden. Auch würden sich gewiß die Protestanten selbst gegen die gemeinschaftliche Adjunktion der ordentlichen Reichsdeputationen gesetzt haben, sobald sie gemerkt hätten, daß sich die Katholiken derselben zu ihrem Schaden bedienen wollten; weil sie aber einmal ohne Nachtheil für sie war vollzogen worden, so konnten die Protestanten eher ihre Gesetzmäßigkeit zugeben, da keine Wiederholung derselben statt fand, die im Gegentheil bey den außerordentlichen Reichsdeputationen sehr oft eintreten konnte." c)

Den Satz, daß von den ordentlichen Reichsdeputationen auf die außerordentliche nach den Grundsätzen einer reinen Analogie ganz richtige Schlüsse gezogen werden können, bestreitet der Hr. Professor nicht. Eben so wenig läugnet Er, daß die Protestanten nach der Vorschrift des w. Friedens Art. V. §. 51. einigemal in der Meinung gewesen sind, daß die Adjunktion durch gemeinschaftliche Wahl geschehen müße, und daß sie dieselbe als gesetzmäßig anerkannt haben. Er wähnet, dieser durch Worte und Handlungen erklärten gesetzlichen Meinung dadurch alles Gewicht für die Katholiken zu benehmen, daß er sie auf einen Irrthum gründet, der aus dem Eifer, die einseitige Wahl zu vertheidigen, entstanden seye. Aus Irrthum sollen die Protestanten aus dem §. 51. des V. Art. des westph. Friedens gefolgert haben, daß die Deputirten=Adjunktion bey ordinären Deputationen ein Komitialgegenstand sey. Nur aus Irrthum sollen sie die Adjunktion gemeinschaftlich in der That vorgenommen, und als gesetzmäßig anerkannt haben.

Wahr=

---

c) á. b. O. S. 91.

Wahrhaft hat Herr Professor **Weiße** hier alles geleistet, was ein feiner Sachwalter einer schlimmen Sache zu leisten im Stande ist. Er fand, daß die Protestanten die gemeinschaftliche Wahl bey ordinären Deputationen zugegeben hatten. d) Er war überzeugt, daß nach dieser Voraussetzung die den Katholiken das Wort sprechende Analogie nicht abzuwenden seye, und doch wollte er die Gründe seines Religionstheiles gegen den Angriff des v. Hagen retten. Alles vorhergegangene für einen Irrthum zu erklären, mag ihm also als das einzige Hilfsmittel geschienen haben, um dem unangenehmsten aller katholischen Gegengründe nicht am Ende vollkommen unterliegen zu müssen. Es bleibe dem Herrn Professor Weiße immer die Ehre, für die ungerechte Forderung einer einseitigen Wahl alles gethan zu haben, was ein scharfsinniger Schriftsteller vermag.

d) Magdeburg suchte in dem schon mehrmalen angeführten umständlichen Berichte, auf welchen sich auch Hr. Professor Weiße beziehet, das gegen seinen Religionstheil streitende sehr wichtige Präjudiz der im Jahre 1653 gemeinschaftlich vorgenommenen Adjunktion der ordentlichen Reichsdeputation durch verschiedene, aber sehr unbedeutende Gründe abzulehnen. Die wichtigsten derselben sind, daß a) die ordinäre Reichsdeputation von allen andern Reichsdeputationen merklich verschieden seye. b) Hätten damalen speciales rationes obgewaltet c) hätten Evangelici ihrer Deputandorum wegen sich nicht vergleichen können, und daher gleichsam ad majora compromittiret. Alles dieß ist leere Sage. Daß die ordinären Reichsdeputationen auf immer, die außerordentlichen für gewisse Fälle bestimmt werden, ist kein merklicher Unterschied. Die Speciales rationes, welche obgewaltet haben sollen, mag sich ein und der andere Stand eingebildet haben. In dem Konklusum, wo sie hätten ausgedrückt werden sollen, ist von denselben eben so wenig zu finden, als von dem, daß die Protestanten gleichsam nur ad majora compromittirt haben sollten.

Gerettet ist die protestantische Behauptung gegen die Gründe der Analogie auf keine Weise, denn es haben a) die protestantischen Stände, welche diesen Irrthum begangen haben sollen, denselben weder wiederrufen, noch als einen solchen anerkannt, vielmehr sind b) mehrere Jahrhunderte hindurch und noch jetzt alle protestantische Stände und Schriftsteller der Meinung gewesen, daß die Wahl zur Adjunktion einer ordinären Reichsdeputation gemeinschaftlich geschehen müße, auch wäre es c) ein Irrthum, der sich auf Rechtsunwissenheit gründen müßte, also von den deutschen Reichsständen, die die Gesetze am beßten kennen sollen, weder vermuthet wird, noch ihnen nützen kann; und endlich ist es d) der protestantischen Reichsständen eigene Schuld, wenn sie mehr eingestanden haben, als sie hätten eingestehen sollen. Ein solches unbedingtes mit Worten und Handlungen beståttigtes Geständniß ist nicht der Willkühr, es gelten oder nicht gelten zu lassen, unterworfen. Ohnehin sprechen die Worte des w. Friedens so deutlich, daß die bisherige benenselben angemessene Meinung der Protestanten mit unpartheyischen Augen nicht als ein Irrthum angesehen werden kann. In der Art wůrde es ziemlich leicht seyn, eine jede Meinung aus den Staatsakten zu vertheidigen; denn alles, was entgegen stůnde, dürfte nur als ein Irrthum erklärt werden.

Daß übrigens die Protestanten sich gegen gemeinschaftliche Adjunktion der ordentlichen Reichsdeputationen würden gesetzt haben, sobald sie gemerkt hätten, daß die Katholiken sich derselben zu ihrem Schaden bedienen wollten, will ich gerne zugestehen. Noch jetzt ist es aber die Absicht der Katholiken nicht, sich einer gemeinschaftlichen Wahl zum Schaden der Protestanten zu bedienen. Ein Schade kann den Protestanten als Religionstheil betrachtet, ohnehin nur in Religionsgegenständen zugefügt werden, und sobald Deputationen zu

dieser

dieser Bestimmung angeordnet werden, gestehen selbst die Katholiken die einseitige Wahl ohne Bedenken zu. — Wenn endlich auch keine Widerholung der vorgenommenen Wahl zu der ordentlichen Deputation statt fand, so thuet dieß wohl nichts zur Sache. Ist das Eingeständniß der Gesezmäßigkeit von den Protestanten mehr als einmal erforderlich?

5) **Aus der Billigkeit und dem reichsoberhauptlichen sowohl, als reichsständischen Benehmen.**

§. 32.

Der Herr Doktor Sattler stellt die Billigkeit, welche eine gemeinschaftliche Wahl verlange, in den süßesten Ausdrücken vor. „Wie unschuldig und unverdächtig (ruft er aus) würde nicht die Befugniß der einseitigen Wahl der protestantischen Deputirten durch ihre Religionsgenossen erscheinen? Sie wählten immer diejenige, welche vorzüglich die Achtung und das Zutrauen ihrer übrigen Religionsmitglieder gewonnen hatten, und deren Interesse sie nunmehro wahren und besorgen sollen. Erfordert es nicht die Billigkeit, daß solche Deputirte von denjenigen erwählt werden, welche sich ihrer Rechtschaffenheit und Ehrlichkeit überlassen, und in ihre Hände das Wohl und die Sicherheit ihres Religionstheils geben sollten? den Katholischen entstehet durch diese Wahl nicht der geringste Nachtheil; ihnen stehet in Ansehung ihrer Deputirten gleiches Recht zu; die Protestanten erkennen dieß aus voller Ueberzeugung."

Lasse der Herr Doktor nun auch die Billigkeit einige Augenblicke für uns Katholiken sprechen. Wie unschuldiger und unverdächtiger erscheinet nicht die Befugniß der gemeinschaftlichen Wahl durch beyde Religionsgenossen? Wenn Mitglieder eines

eines Körpers sich in Angelegenheiten, die den ganzen Körper interessiren, nicht von demselben trennen, und ein gemeinschaftliches, kein einzelnes Interesse haben, dann ist ihr Betragen unverdächtig. Beyde Religionsgenossen wählen dann gemeinschaftlich nur diejenigen, welche vorzüglich die Achtung und das Zutrauen aller Reichsstände gewonnen haben, deren gesammtes Interesse sie bey solchen Deputationen, die zu politischen Geschäften angeordnet werden, wahren und besorgen sollen. Erfordert es nicht die Billigkeit, daß solche Deputirte von allen denjenigen zusammen erwählt werden, welche sich alle zusammen ihrer Rechtschaffenheit und Ehrlichkeit überlassen, und in ihre Hände das Wohl und die Sicherheit des ganzen Reichs geben sollen? den Protestanten entstehet durch diese gemeinschaftliche Wahl auch nicht der geringste Nachtheil; denn sie haben in der Eigenschaft als Reichsstände außer Religionsgegenständen mit ihren katholischen Mitständen eines und das nämliche Interesse. Sind Sie von der konstitutionswidrigen Absicht, ihre katholischen Reichsmitstände übervortheilen zu wollen, frey, nun so ist ihnen eine Wahl, bey welcher alle Wählende von gleichen nur auf das gesammte Staatswohl zielenden Absichten belebt sind, nicht nur nicht schädlich, sondern weit nützlicher.

Diese ist die wahre Stimme der Billigkeit, wenn von außerordentlichen Reichsdeputationen zu politischen Geschäften die Rede ist. Sollen aber wegen Religionsgeschäften Deputationen erwählt werden, dann spricht sie so für Hrn. Doktor Sattler, wie sie hier gegen ihn sprechen muß. Unpartheyische werden ihr schwerlich ein günstiges Urtheil versagen können.

§. 33.

§. 33.

Billige protestantische Reichsstände haben das Unrecht des Verlangens einer einseitigen Wahl oft anerkannt. Die vorausgesetzte Geschichte, welche uns belehret, daß sie selbst den Schlüßen ihrer Vorfahrer keinen Werth beylegten, giebt die sichersten Beweise hierüber an Handen. Das schönste Beyspiel unter allen lieferte jedoch **Churbrandenburg**, welches den 6ten September 1653 seine Bitte um Adjunktion zu der ordinären Reichsdeputation nicht an die A. C. Verwandte Stände, sondern an das ganze fürstliche Kollegium richtete, nur dieses als die wahre, rechtmäßige Instanz ansah, welche die der ordentlichen Reichsdeputation zu abjungirenden Stände bestimmen könne. Salzburg hat in dem Jahre 1704 dem protestantischen Religionstheile dieses so deutliche Anerkenntniß eines seiner vorzüglichsten Mitglieder vorgelegt. e) **Magdeburg** wollte dieses Argument dadurch abwenden, daß es erwiederte, das Memoriale habe super quaestione an Deputatio sit augenda, ad omnes Status gerichtet werden müssen, und dieses Ansuchen seye ohnehin nur propter Deputationem ordinariam geschehen. f) Die Bitte, zur Deputation gezogen zu werden, spricht aber offenbar gegen das magdeburgische Angeben, und die Vertheidigung, daß nur von einer ordinären Deputation die Rede gewesen sey, ist, wie wir aus dem obigen wissen, zu Gunsten unserer Meinung; denn zwischen ordinären und außerordentlichen Deputationen ist kein wesentlicher Unterschied. Wenn ein Reichsstand das ganze fürstliche Kollegium als denjenigen Theil ansiehet, dem allein die rechtmäßige Wahl ordentlicher Reichsdeputationen zukommt, so verstehet sich eben dasselbe auch von außerordentlichen Reichsdeputationen.

Nicht

---

e) S. Schauroth Th. I. S. 426.
f) Schauroth a. a. O. S. 431.

Nicht nur einzelne Reichsstände, sondern Selbst das höchste Reichsoberhaupt hat mit deutlichen Worten die gemeinschaftliche Wahl außerordentlicher Reichsdeputationen sanctioniret. Das Ratifikationsdekret der jüngsten Wahl der außerordentlichen Reichsdeputation vom 9ten Septemb. 1795 sagt ganz deutlich:

„Sr. Röm. Kaiserl. Majestät sey allerunterthänigst vor-
„getragen worden, daß man in den dreyen Reichskollegien
„die Berathung über das Kaiserl. allerhöchste Hofdekret
„vom 19ten May dieses Jahrs in den darinn durch das
„letzte Reichsgutachten vom 3ten Julius d. J. noch nicht
„erledigten Punkt der reichsständischen Konkurrenz bey
„dem künftigen Reichsfriedenskongresse in **verfassungs-**
„**mäßiger** Art fortgesetzt und mittelst eines allerun-
„terthänigsten **Reichsgutachtens**, — — — beschlossen
„habe. ꝛc."

Erkläret hier nicht das Reichsoberhaupt auf die angemessenste Art, daß nur die gemeinschaftliche Wahl einer außerordentlichen Reichsdeputation von Ihm als eine verfassungsmäßige angesehen werde? würden die Natur und der Begriff der Sache selbst, der Geist der Gesetze, die Reichsobservanz, die Analogie und Billigkeit einigen Zweifel übrig lassen, so ist durch dieses schöne Ratifikationsdekret jenem Gnüge gethan, was Münster den 1ten Oktober 1704 in dem Reichsfürstenrathe dahin äußerte: „Sollte wieder Verhoffen dieses incontestable Recht der geistlichen Bank von der weltlichen dennoch streitig gemacht werden, so würde Ihrer Kaiserl. Majestät als *supremo Legum interpreti* die *Cognition* und *Judicatur* darüber billig bevor bleiben, der *Sphus in causis* aber Art. Vti. Instrum. Pacis Westphal. anhero nicht applicirt werden können, allermaßen was in
dem-

demselben Spho verordnet würde, daß Catholicis et A. C. Statibus in partes euntibus sola amicabilis compositio Platz haben solle, der gesunden Vernunft nach super solo puncto facti und keineswegs super puncto Juris (wie gegenwärtiger Casus seye) zu verstehen wäre: Dann wofern derselbe Sphus auch über den punctum juris und der Stände Gerechtsame verstanden werden könnte, oder müßte, so würde es keiner Mühe gebrauchen, alle des Reichs Fundamental = Gesetze, mithin das ganze Systema Imperii übern Haufen zu werfen, dann, wann und so oft denen Katholischen Ständen der A. C. Verwandten Gerechtsamen, et vice versa denen A. C. verwandten Ständen deren Katholischer Gerechtsame nicht gefallen oder anständig seyn mögten, je und allezeit es heissen würde: Statibus in partes euntibus sola amicabilis compositio locum habeat. ꝛc. ꝛc. g)

Bisher haben wir uns mit der staatsrechtlichen Prüfung der Art der vorgegangenen letzteren Deputationswahl beschäftiget, und dadurch, daß wir zu beweisen suchten, daß nur eine gemeinschaftliche Wahl rechtmäßig ist, dieselbe hinlänglich gerechtfertiget. Wir wollen nun auch zu der politischen Beurtheilung derselben übergehen, allgemeine Betrachtungen über die Zahl der Mitglieder und ihre Eigenschaften anstellen, vorzüglich aber die Verläumdungen und Mißhandlungen, welche sich Herr Doktor Sattler gegen Hessen=Darmstadt erlaubt hat, in das gehörige Licht setzen, da wir nur durch Ihn zu diesen Betrachtungen veranlasset werden.

II.

---

g) S. Schauroth Th. I. S. 404.

II.

Politische Prüfung der jüngsten Wahl einer außerordentlichen Reichsfriedens-Deputation.

A. In Hinsicht der Zahl der Mitglieder.

§. 34.

Schon in dem Hofdekrete vom neunzehnten May hatte der Kaiser den auf sehr guten politischen Gründen beruhenden Wunsch geäußert, daß man eine so geringe Zahl Deputirte, als nur thunlich, erwählen möge. Eine aus vielen Mitgliedern bestehende Deputation hindert mehr den Fortgang des Geschäftes, als sie denselben befördert. Eben jener Zweck, den man durch Festsetzung einer Deputation erringen will, wird durch sie vereitelt, und h) überdieß ein unnützer Kostenaufwand verursacht. In einem Zeitpunkte, wo ohnehin fast alles durch langwährenden Krieg erschöpfet ist, verdienet dieser letztere Umstand Rücksicht. Dagegen tritt bey Bestimmung einer allzu kleinen Zahl die politische vorzügliche Rücksicht ein, daß manche der angesehensten Stände, die zugleich wegen ihrem eigenen Verluste um so thätiger sind, ausgeschlossen blei-

---

h) Joseph I. rieth in dem Kommissionsdekrete vom 18ten July 1709 bey Gelegenheit der Absendung zu dem Badner Frieden das nämliche an, damit durch das Friedenswerk die Reichsdeputation nicht mehr gehindert als befördert werde; S. Pfeffinger Vitr. ill. P. 3. S. 354.

bleiben müssen. Da sich überdieß die Grade des Verlustes und die Verdienste der einzelnen Mitstände nicht so mathematisch genau berechnen lassen, so wird durch Bestimmung einer zu engen Deputation, eben dieser Gegenstand oft der Zankapfel, der an die Stelle der so nöthigen Eintracht Feindschaft und Eifersucht versetzet. Eine ganz kleine Deputation erregt auch öfters ein Mistrauen unter einzelnen Ständen, welches zu jeder Zeit von den nachtheiligsten Folgen ist. Den glücklichen Mittelweg zu finden, eine solche Zahl zu bestimmen, welche durch ihre Größe den Zweck nicht vereitelt, doch aber auch den vorzüglich in Betrachtung kommenden Ständen den Weg zur Theilnahme bahnet, ist das Werk einer guten Politik, und um allgemeine Zufriedenheit zu erhalten, kein gleichgiltiger Gegenstand. Dieser Mittelweg ist meines Bedünkens bey der letztern Wahl gefunden worden.

§. 35.

In dem Jahre 1681 wurden zu dem Frankfurter Kongreß zehn Stände deputirt. In dem Jahre 1709 wurden sechs Stände ernannt. Zu den ryswiker Friedenshandlungen schikte man die übermäßige Anzahl zwey und dreißig Deputirten; aber bey dem Badner Frieden schränkte man sich, durch die vorherige Erfahrung belehrt, auf acht ein. Dieser Zahl stimmten diesmal anfangs die meisten Stände bey; da aber viele Erklärungen folgten, daß auch zehn Glieder zur Deputation anständig wären, so erhielt endlich letztere die Oberhand. Nur wenige trugen auf zwölf Stände an. Würde man lediglich acht Stände beybehalten haben, so wären wirklich einige der vorzüglichsten, die dem Geschäfte besonders nützlich sind, und deren Interesse allzu sehr damit verwikelt ist, ausgeschlossen worden. Es haben so viele durch Frankreichs bekannte Schlüsse gelitten, daß denjenigen, welche am meisten

meisten verloren haben, oder die zu verlieren in Gefahr kommen, und die sich zugleich durch eine unverrückte Anhänglichkeit an die deutsche Verfassung auszeichneten, eine Stelle mit allem Recht gebührte.

Ungeachtet einige Eifersucht unter einzelnen Ständen wegen dem Vorzuge zur Deputation entstand, so ist doch durch Annahme einer Zahl von zehn, der Wunsch der meisten befriediget worden. Oesterreich glaubte dennoch mit einigen andern Ständen, daß es in Hinsicht auf die große **Wichtigkeit des Geschäfts, auf die große Anzahl der votirenden Reichsstände und auf die Beyspiele voriger Zeiten**, besonders auf den **Vorgang von 1697** auf den sich ohnehin die meisten Reichsstände bezogen hätten, und bey welchem bekanntlich zwey und dreyßig Reichsdeputirte gewählt worden seyen, mit dem Inhalt des kaiserlichen allerhöchsten Hofdekretes, ganz vereinbarlich und nothwendig seyn werde, zu dem bevorstehenden wichtigen Friedensgeschäft auf eine Reichsdeputation von zwölf Ständen anzutragen. i) Wenn wir aber auch den beyden erstern von Oesterreich angeführten Beweggründen zu einer stärkern Deputation ihr Gewicht zugestehen müssen, so werden doch schwerlich die Beyspiele älterer Zeiten, wo man eine große Zahl Stände bestimmte, am wenigsten der Vorgang von 1697 einen Reiz zu ähnlichen Schritten enthalten. Es ist erprobt, und bedarf keiner Belege, daß je mehrere Stände zu einer Deputation ernannt wurden, desto mehreren Verwicklungen auch das Geschäft selbst ausgesetzt, und von seiner Vollendung oft mehr entfernt, als derselben genähert wurde. Angenommen, daß man auch wirklich diese Rücksichten nicht hätte achten wollen, und dagegen

---

i) S. die vierte Fortsetzung des Reichsfürstenraths Protokolls vom 10ten August 1795.

gen eingewendet werden könnte, daß zwey Stimmen im ganzen kein großes Hinderniß seyn mögten, so zeigt sich ein guter, vielleicht auch damalen hie und da schon geahndeter Erfolg, der Bestimmung von zehn Ständen. Der erkaltete Patriotismus, und die Anhängigkeit an protestantische politische Separations=Systeme machen sogar bey dieser geringen Zahl, wenn die Deputation bereinstens zur Wirklichkeit kömmt, gegen alles Vermuthen eine Abänderung nöthig. Gewiß würde es in der gegenwärtigen Lage schwer fallen, eine größere Deputation *von gleicher Religionszahl*, welche nur von einem und dem nämlichen erforderlichen Geiste belebt wäre, zusammen zu setzen.

Ich glaube daher nach allen diesen Voraussetzungen mit Grund behaupten zu können, daß bey Bestimmung der Größe der jüngsten Reichsdeputation ganz nach den wahren Grundsätzen einer ächten Politik gehandelt worden seye. Die gegenwärtige Erfahrung zeigt zugleich, daß in mancher vorher nicht berechneten Hinsicht die geschehene Bestimmung der Zahl, von zehn Ständen auch jetzt noch die möglichst beßte ist.

B. In Hinsicht der Eigenschaften der zur Deputation ernannten einzelnen Mitglieder, und zwar

1) Kurmainz.

§. 36.

Die Auswahl der Stände zu einem so wichtigen Geschäfte, wie eine Deputation zu Friedensverhandlungen ist, gehört zuverläßig unter jene Gegenstände, bey deren Erörterung mit einer wahren Politik, fern von Nebenabsichten zu

Werk gegangen werden soll. Es verdient daher in jeder Hinsicht kürzlich untersucht zu werden, ob die einzelnen Mitglieder der neuesten Deputation nach ächten Grundsätzen einer wohlthätigen Politik ausersehen wurden. Es muß sich aus einer solchen kurzen Untersuchung von selbst ergeben, ob das, was der Herr Dokter Sattler k) von evangelischen Deputirten, die durch eigennützige und interessirte Vorspieglungen an den Nutzen der Katholiken gekettet würden, von räudigen Mitgliedern, die das Interesse desjenigen Theiles, mit dem sie durch die Religion so fest verbunden seyn sollten, vernachläßigen und willig zu einem Verrathe der Parthey, für die sie sich ganz verwenden sollten, die Hände bothen, zwar nur generell, aber doch nicht ohne einen gewissen merklichen Bezug spricht, auf einen oder den andern der bestimmten Deputirten zu dem künftigen Friedenskongreße mit Frankreich anwendbar seyn könnte.

Was vorderfämst Kurmainz betrifft, so ist es ohnehin außer allem Zweifel, daß bey Reichsversammlungen, Reichsdeputationen und Konventen diesem Reichsstande vermöge des tragenden Direktoriums eine der ersten und vorzüglichsten Stellen gebühret. l) Bey ihm müssen sich alle zu Reichstägen oder sonstigen Konventen kommende Gesandte legitimiren, m)

wenn

---

k) In den a. Staatsrechtlichen Bemerkungen S. 34 und 35.

l) S. von Roths pragmatische Interregnumsgeschichte, besonders des Reichserzkanzlerlates vom Jahre 1790. 1794. — Meine Untersuchung der Rechte und Pflichten eines Kurfürsten von Mainz, während des Interregnums. 1792. Roth novae vindiciae Directorii in comitiis capitulo metropolitano moguntino sede archiepiscopali vacante competentis 1779.

m) S. *Wagner* de Achtcancellariatu ac Directorio in comitiis Imperii Eminentissimo Archiepiscopo Principi electori moguntino competentibus. 1746. p. 15.

wenn sie vorderſamſt von Ihm gehörig berufen ſind. n) Alles, was dem verſammelten Reiche im Ganzen oder deſſen Bevollmächtigten bekannt gemacht werden ſoll, muß durch **Kurmainz** zur Wiſſenſchaft gebracht werden. Deſſen Protokoll iſt die authentiſche Quelle über alle Vorfälle, ſie ſeyen welcher Art ſie wollen, o) kurz die Natur des Amtes eines Reichsdirektoriums, die ununterbrochene unbeſtrittene Obſervanz und unverkennbare wahre Analogie ſprechen **Kurmainz** das Wort, daß es auch bey Reichsdeputationen, wiewohl meines Wiſſens kein ganz beſtimmtes Geſetz vorhanden iſt, zugezogen werden müſſe.

Auch ohne dieſe Nothwendigkeit würde Kurmainz eine Stelle unter den Reichsdeputirten zu dem künftigen Friedenskongreß verdienet haben. Wenn es zwar während dieſem Reichskriege ſich manchmal in widrigen Lagen nicht ganz gleich geblieben iſt, wenn es ſich zuweilen durch lange beſtehende Verbindungen, durch das ſchmerzliche Gefühl des eigenen Verluſtes zu einem ſchwankenden Schritte hat hinreiſſen laſſen, und wenn auch demſelben in verſchiedenen freymüthigen Schriften der Vorwurf zu früher und unzweckmäßiger Friedenseinleitungen geſchehen iſt, ſo kann doch jeder Unbefangene den bewieſenen Patriotismus und eine den Kräften angemeſſene Thätigkeit dieſes Reichsſtandes nicht läugnen. Er war einer der erſten, welcher zu Deckung der Reichsgrenze 2073 Köpfe bey Speyer ſtellte, die ohne eigenes Verſchulden theils geblieben ſind, theils gefangen wurden. 1350 Mann mußten wegen einem Vaterlandsverräther in Mainz kapituliren und durften binnen Jahreszeit gegen die Franzoſen nicht dienen. Dem ungeachtet hörte der Kurfürſt nicht auf, ſo viele Mannſchaft zu ſtellen, als die Kräfte ſeines zum Theil ſehr leidenden Landes

---

n) In der eben a. S. 61 und 25.
o) U. a. O. S. 19.

nur immer vermogten. Die Anstrengung, mit welcher die mainzischen Truppen bey den mehrmaligen Belagerungen von Mainz nach dem Zeugnisse der Generalität, gefochten haben — der damit verknüpft gewesene, und noch verknüpfte Aufwand, die Bereitwilligkeit, mit welcher Kurmainz allen reichsoberhauptlichen Forderungen entsprochen hat, sind notorische Thatsachen. Sie sind zur Bedeckung derjenigen kleinen Flecken, die ein scharf sehender Blick allenfalls auf dem Gemälde der deutsch=patriotischen Standhaftigkeit finden mögte, hinreichend.

Uebrigens gebührte Kurmainz als verlierendem Theile ein vorzügliches Recht zur Deputation. Fast das ganze Erzstift ist bey dem letztern französischen Rhein=Uebergange in Feindes Händen gewesen und sehr mishandelt worden. Ein Theil desselben ist während des ganzen Krieges sehr wenige Zeit von französischen Bedrückungen frey geblieben. Der Anblick von Mainz und der es umgebenden Ortschaften, die zum Theil ein Raub der Flammen wurden, ist rührend. Was dieser Reichsstand nebst dem als Bischof von Worms geduldet hat, und noch dulden muß, bedarf keiner Beschreibung. Wenn also Billigkeit und selbst Klugheit rathen, daß vorzüglich solche Stände zur Deputation gewählt werden, deren Lande entweder ganz, oder zum Theile in Feindes Händen sind, oder die sonst durch die französische Revolution verloren haben, oder bey dem Frieden selbst zu verlieren Gefahr laufen, p) so konnte gewiß Kurmainz auf keinen Fall bey Ernennung der Deputation übergangen werden, und wird diese Stelle nie unrühmlich behaupten.

2) Kur=

---

p) Stimme eines Einzelnen über die Art der Bewirkung des Reichs zu dem gewünschten Frieden mit Frankreich. Im Juny 1795. S. 18.

2) Kursachsen.

§. 37.

Das rastlose Bestreben Kursachsens, seine reichsständische Pflichten auf das genaueste zu erfüllen, die Vorzüge, mit welchen zur Zeit der Wahl der Deputation dasselbe als ein der guten Sache anhängender Reichsstand unter manchem seiner Mitstände glänzte, sind nicht zu verkennen. Das Corps, welches für sämmtliche chursächsische Besitzungen gestellt wurde, war beträchtlich. Es leistete zur Rettung Deutschlandes durch seine von Freunden und Feinden anerkannte Tapferkeit vortrefliche Dienste. Es war stets mit besonderem Vertrauen des in der deutschen Geschichte ewig glänzenden Siegers Karl beehrt, und ward zu den wichtigsten Expeditionen gebraucht.

Der Kurfürst von Sachsen hat seine Antheile an den verwilligten Römermonathen vollständig entrichtet. Er suchte überhaupt als einer der angesehensten deutschen Reichsstände ein Verdienst in der genauen Beobachtung seiner reichsständischen Pflichten, und es ist einleuchtend, daß, wiewohl Er nicht unter die verlierenden gehört, doch von Seiten der A. K. kein Kurfürst vorhanden war, welchem die Stelle eines Deputirten mit mehr Recht in der damaligen Epoche hätte zu Theil werden können. Bald nach dieser Wahl zog aber zum größten Erstaunen jedes deutschen Patrioten dieser so biedere Reichsstand mit 8500 Mann im entscheidenden höchst kritischen Augenblicke von dem Kriegstheater in seine Lande, die nicht nur noch weit entfernt, sondern überdieß keineswegs von Mannschaft entblößt waren. Es geschah dieser Schritt, ohne dem Generalkommando offizielle Nachricht zu geben. Es wurde jedoch derselbe leicht vergessen, da die braven Kämpfer wieder auf dem Schlachtfelde erschienen und durch ihre ausgezeichnete

Tapfer=

Tapferkeit, besonders in denen nächst Wetzlar vorgefallenen Schlachten neue Beweise ihres Eifers zum Schutze des deutschen Vaterlandes lieferten.

Hier wünschte ich enden und über die nachherigen und jetzigen Verhältnisse Sachsens zum Reichsoberhaupte und dem deutschen Reiche einen Schleyer ziehen zu können. Es thuet dem deutschen Biedermanne wahrhaft wehe, einen solchen Reichsstand, dessen Gesinnungen lange zum Muster dienen konnten, der unter jene weltliche Kurfürsten gehört, von dessen Vorfahrern die Geschichte die wenigsten Bündnisse mit Frankreich aufzeiget, von der guten Sache, dem allgemeinen rechtmäßigen Bande getrennt zu sehen. Wenn nördliche Separat=Politik auch auf einen solchen Reichsstand endlich den mächtigsten Einfluß gewinnen und Ihn einem Kongreße zu Hildesheim, der in seiner Versammlung ruhig die Leiden seiner Mitbrüder in einem andern Theile Deutschlandes ansiehet, zuführen konnte, so ist es in der That weniger zu bewundern, daß manche kleinere in ihren Schritten ohnehin unregelmäßige Stände ihrem individuellen Interesse das Reichsverband zum Opfer dargebracht haben. Ob unter solchen Umständen Kursachsen der Zahl der Reichsdeputirten, wenn Friedensverhandlungen sich dereinstens realisiren, einverleibt bleiben könne, ist ein Problem, dessen Auflösung von der Zeit und Lage der Sachen abhängt. Der alte sächsische Patriotismus in der einen — die jetzige Neutralität in der immer mehr herannahenden Krisis auf der andern Wagschale — welche wird das Uebergewicht behalten?

3) Oesterreich.

§. 38.

Oesterreich hat, wiewohl kein Gesetz in Mitte liegt, als Direktor des fürstlichen Kollegiums, zwar nicht aus gleichen, aber doch ähnlichen Gründen, wie Kurmainz, einen vorzüglicheren Anspruch auf Zuziehung zu vorkommenden Deputationen. Dieser Vorzug erhält ein größeres Gewicht dadurch, daß Daßelbe auch in der Zahl der ordentlichen Deputirten befindlich ist. q) Giebt zwar auch beydes kein Recht zu außerordentlichen Reichsdeputationen r), so verleiht es doch wenigstens einen größeren Vorzug s).

Den

---

q) J. R. A. §. 194.

r) In der Abhandlung unter dem Titel: Stimme eines Einzelnen über die Art der Beywirkung des Reichs zu dem gewünschten Frieden mit Frankreich sagt der anonyme Verfasser S. 19: Oesterreich hat von den ordinari Deputationen her ein Recht zu der Reichsdeputation. Ich muß gestehen, daß ich dieses Recht nicht einsehe. Nur ein Vorzug kann meines Bedünkens deßfalls bey begründet werden. Sollten die Deputirten zur ordentlichen Deputation ein Recht auch auf die außerordentlichen haben, so wäre bey letzteren eine Wahl, welche von Katholiken sowohl als Protestanten doch einstimmend nöthig angesehen wird, überflüßig. Der Begriff einer außerordentlichen Deputation widerstrebt einem rechtlichen Anspruche; denn nur die Eigenschaften zu dem Geschäfte, in Ansehung dessen eine Deputation angeordnet wird, können Vorzüge eines Reichsstandes vor dem andern begründen.

s) Salzburg konnte vermöge seines tragenden Direktoriums gleich Oesterreich einen Vorzug geltend machen; allein Se. Hochfürstliche Gnaden erklärten zu Protokoll, wiewohl sie zwar in allweg darauf bestehen könnten, unter der Zahl dieser Deputirten mit

Der Verluſt, den Oeſterreich in Rückſicht Burgunds erlitten hat, iſt notoriſch. Einer der wichtigſten Gegenſtände der künftigen Friedensverhandlungen wird dieſer dem deutſchen Reiche ſo gewaltſam entriſſene Theil ſeyn. Es war daher der Politik ganz angemeſſen, denjenigen Stand, der am meiſten leidet und deſſen Intereſſe das größte iſt, vorzüglich zur Reichsdeputation zu wählen.

Unter allen Eigenſchaften glänzen die unzählbare Aufopferungen des Erzherzogs von Oeſterreich für das deutſche Reich ſo hervor, daß ſie allein hinreichend ſind, um dieſem Retter des deutſchen Vaterlandes, eine der erſten, der vorzüglichſten Stellen unter den Reichsdeputirten einzuräumen. Ein Reichsober=

---

begriffen zu werden, ſo wollten jedoch Höchſtdieſelbe für dießmal ohne Folge auf künftige Zeiten ſich der Stimmenmehrheit anſchließen. In ſoweit durch dieſe Erklärung vielleicht ein abſolutes Recht aufgeſtellt werden wollte, muß ich mich auf meine ſo eben wegen Oeſterreich geſchehene Aeußerungen beziehen. Unverkennbar iſt aber, daß Salzburg vermöge des Direktoriums, der treuen Erfüllung aller reichsſtändiſchen Pflichten, der unerſchütterlichen Anhänglichkeit an deutſche Verfaſſung und Reichsverband einen Vorzug vor vielen andern katholiſchen Fürſten hätte behaupten können. Die Beweiſe liegen nicht lediglich mit ſchönen Worten in den Reichsprotokollen; ſie ſind auch in den Reichsoperationskaſſe-Extrakten zu finden. Noch ſtehet, während dem man faſt ganz die Geſtalt der Reichskontingente vergeſſen lernt, Deſſen Mannſchaft an den Grenzen des deutſchen Reiches, wohin kürzlich einem Theile derſelben ſogar der nachbarliche Weg verlegt wurde. Nie iſt der Erzbiſchof, ſogar dann nicht, als der Feind vor den Landesgrenzen ſtand, und Verbindungen zu Separat=Schritten aller Art geſucht wurden, von der reichsſtändiſchen Pflicht gewichen. Er gehört unter die ſo kleine Zahl der ſich immer gleich gebliebenen Stände. - Wie vieles könnte ich hier anführen! ich ſchweige jedoch, da das Vorurtheil der Dienſtverhältniſſe gegen mich ſtreitet.

oberhaupt, das mit jedem Jahrzehnde an Rechten verloren hat, das von seinen Einkünften nicht einmal leben könnte, kann nicht schützen. Ein Erzherzog von Oesterreich, der diese erhabene Würde in seiner Person vereiniget, war und ist es nicht nur im Stande, sondern that es würklich. Welcher Reichsstand, der außer ihm hiezu die Kraft gehabt hätte, würde das nämliche gethan haben? wer würde so viele Aufopferungen für ein Land, für eine Verbindung gewagt haben, und noch wagen, wenn bey vielen Mitglieder derselben nicht einmal reeller Dank, vielweniger Theilnahme der Lohn ist? Seine ganze Heeresmacht ward von Ihm aufgebothen, um das deutsche Vaterland zu retten. Weit über die Gebühr seines Erzhauses erfüllte er alles, was man je von einem Beschützer hätte erwarten können, und doch mußte Er als Reichsoberhaupt so oft dringend bitten, daß ein jeder Reichsstand seine Pflichten erfüllen und etwas zu seinem eigenem Schutze beytragen möge. Fast von dem größten Theile des Reichs verlassen, ruhet noch jetzt die Kriegslast auf dem Erzherzoge von Oesterreich.

Unmöglichkeit ist es, hier alle die Verdienste des Erzherzogs von Oesterreich, welche Ihm vor allen die vorzüglichste Stelle unter den Reichsdeputirten erworben haben, anzuführen. Solche Thaten verdienen in einem eigenen Werke von einer Meisterhand gezeichnet, der Nachwelt in einer vollkommenen Uebersicht aufbewahret zu werden. Hat je eine Generation über die Handlungen der vorhergehenden gestaunet, so werden es unsere Nachkommen, wenn sie die österreichische Aufopferungen für Erhaltung der deutschen Verfassung mit den vorkommenden Separatfrieden, Kontingentabrufungen, Neutralitäts und andern Konventionen vergleichen. Sie werden sich aus den gründlichen Kommissionsdekreten, die den vollständigsten, schönsten Kommentar über das Streben des Reichsoberhauptes für Erhaltung der deutschen Verfassung liefern,

hinläng=

hinlänglich überzeugen, woher die Uebel für das deutsche Reich ihren Ursprung erhalten haben. Was werden sie wohl von der Thätigkeit ihrer Vorältern denken, wenn sie in dem Kommissionsdekrete vom 10ten Hornung 1795 den Zuruf erblicken: **Se; Kaiserl. Majestät beschwören noch einmal vor Gott und dem lieben Vaterlande alle und jede Reichsstände, sich nicht selbsten durch noch entfernte Hoffnungen einzuschläfern, und diejenigen Pflichten in ihrem ganzen Umfange deutsch biedermännisch zu erfüllen, welche Reichsverband und Gesetze, Vaterland und Selbsterhaltung erfordern.!!!**

4) Bayern.

§. 39.

Bayern gehört unter jene Stände, welche den wenigsten Schaden dulten mußten, auch keine sonstige besondere Aufopferungen gemacht haben. Wenn Römermonathe verwilligt werden sollten, bezog es sich auf Unvermögen und begnügte sich statt 100 mit Verwilligung der Hälfte dieser Zahl. Da überdieß seine Lande vom Feinde nicht besetzt sind, folglich sein Interesse von Seite desselben bey den Friedenshandlungen vielleicht am wenigsten angetastet wird, so scheinet es in Hinsicht seiner eignen Verhältnisse weit weniger zu einer Aufnahme unter die Zahl der Deputirten geeigenschaftet gewesen zu seyn, als die schwäbische Prälaten, mit denen es um die Stimmen-Majorität zu streiten hatte.

So gering immer der politische Gesichtspunkt bey der Auswahl Bayerns seyn möchte, so sehr war es doch der

Staatsklugheit angemessen, den Herzog von Bayern in der Hinsicht, weil sich in Seiner Person die pfälzische Churwürde vereiniget, nicht zu übergehen. Für den Kurfürsten war keine Stelle vorhanden und vielleicht würden auch gewisse Neutralitäts=Gesinnungen, geschwinde Festungs=Uebergabe und andere Handlungen ähnlicher Art, nicht die beßten Empfehlungen zu derselben gewesen seyn. Pfalz hat indessen doch so vieles während dem Laufe des Krieges verlohren, es ist auch bey dem Frieden so sehr in Gefahr, etwas einzubüßen, daß es dadurch wenigstens einigen Anspruch erlangte, zu den Friedensunterhandlungen deputirt zu werden. So ist dem Kurfürsten von der Pfalz die beßt möglichste Gelegenheit einer Konkurrenz zu den ihm so wichtigen Friedenshandlungen an Handen gegeben.

5) **Wirzburg.**

§. 40.

Das reichspatriotische Betragen, welches sowohl den abgelebten, als jetzt regierenden Fürsten von Wirzburg in allen deutschen Angelegenheiten ausgezeichnet hat, ist nie, auch nicht von Ständen ungleicher Gesinnungen geläugnet worden. Die genaueste Erfüllung der reichsständischen Pflichten ist zu allen Zeiten die Richtschnur der Handlungen dieser beyden vortreflichen Regenten gewesen. Daher rühret das allgemeine Vertrauen, mit welchem sich Wirzburg bey der Abstimmung über die Deputationsernennung von den deutschen Fürstbischöfen beehret sah. Das Benehmen bey dem feindlichen Vordringen der Franzosen in vorigem Jahre war eine neue Bestätigung, mit welchem Rechte Dessen bisherige Handlungen und politische Gesinnungen eine solche ehrenvolle Auszeichnung verdienten.

Noch

Noch am Tage der Konkludirung war es unentschieden, ob Wirzburg oder dem Deutschmeister der Vorzug zu Theil werde. Der König von Preußen hatte sich vorzüglich die Zuziehung des letzteren angelegen seyn lassen. Die Politiker mögen Beweggründe zu dieser Verwendung suchen, welche sie wollen, so muß man doch eingestehen, daß die Rechtfertigung des Königs für Seine dem Deutschmeister gegebene Stimme nicht ungründlich ist. „Se. Majestät sehen Höchstihn, (erklärte Magdeburg cum caeteris votis zu Protokoll) in der Eigenschaft als Hoch und Deutschmeister einen der vordersten Plätze auf der geistlichen Bank einnehmen; Sie sahen gleich bey dem Anfang der ersten dermalen forgesetzten reichstäglichen Deliberation, die Herren Bischöfe von Lüttich, Eichstädt und Corvey selbst dahin stimmen; als Erzbischof und Bischof haben Sie Höchstdieselben, seit ihrer Regierung bey Reichs= und Wahltägen, als einen standhaften und einsichtsvollen Vertheidiger der Dioecesan=Rechte der deutschen Kirche handeln sehen. Ganz vorzüglich aber war Se. Königl. Majestät Absicht bey ihrer reichsständischen Abstimmung dahey gerichtet, einen Reichsstand in Vorschlag zu bringen, der nebst seiner hohen Geburth, und unverkennbar besitzenden großen Regenten Eigenschaften bey allen Reichsangelegenheiten Beweise von Vaterlandsliebe, und Selbstständigkeit, mit wahrem deutschen Muth und erhabener Seelengröße unerschütterlich gegeben hat, und diese in der dermaligen gefahrvollen Lage des gesammten Vaterlands, bey gegenwärtiger Berathung zu dessen unsterblichen Nachruhm aufs neue bethätiget." t) Magdeburg erklärte jedoch zu gleicher Zeit, daß der Herr Fürstbischof von Wirzburg auch als patriotischer Reichsstand bekannt sey.

Es

---

t) S. das Reichsfürstenraths=Protokoll vom 21ten August 1795.

So verschieden vielleicht die Urtheile über diese magdeburgische Stimme und den mehreren oder minderen Grad der Verdienste dieser beyden Stände seyn könnten, so werden doch alle mit mir darinn einstimmen, daß die Art, wie dieser Anstand durch den ruhmwürdigen **Kurfürsten von Köln** als **Deutschmeister** beendet ward, der schönste Beweis der edlen Denkungsart dieses Regenten liefert. Er, der das altdeutsche Nationalsprüchwort, **unter dem Krummstabe ist gut wohnen,** noch vorzüglich in seinem Werthe zu erhalten bemühet ist, legte folgende schöne Erklärung in das Reichsprotokoll: v)

„Da sich ein Theil des hohen Fürstenrathes eine be-
„sondere Angelegenheit daraus macht, des Herrn Fürst-
„bischofs zu Wirzburg hochfürstl. Gnaden bey der in Frage
„stehenden Reichsdeputation den Vorzug vor Hoch- und
„Teutschmeister zu verschaffen, und mit Vereinigung der
„getheilten Stimmen, in dem Augenblick, wo die Sache
„zum Schluß kommen solle, der dringenden Lage der Sa-
„che ungeachtet anderst nicht, als mit Aufopferung eines
„Zeitraums von mehreren Tagen hierunter zur Endschaft
„gelangen zu können, scheinen will; so erkläret man dieß-
„orts, daß man Amore Conciliationis, und um dem
„wesentlichen Zweck des Hauptgeschäftes durch Beseitigung
„alles Aufenthaltes beförderlich zu seyn, unter vorausge-
„setzter feyerlicher Verdankung des bezeugten schätzbare-
„sten desfallsigen Vertrauens so vieler hohen Mitstände
„dem Anspruch einer Stelle bey erwähnter Reichsdepu-
„tation zu Gunsten Sr. hochfürstl. Gnaden zu Würzburg
„freywillig zu entsagen, entschlossen ist, und diesen Ver-
„zicht sich um so mehr gefallen laßen könne, als eines
„Theils

---

v) a. a. O.

„Theils Se. Kurfürstl. Durchlaucht zu Kölln keinen an-
„den Werth darauf gesetzet hätten, als den Wunsch, nach
„älteren Vorgängen zu einer zahlreichern Deputation, als
„Hoch- und Teutschmeister beygezogen zu werden, und bey
„diesem Friedensgeschäft dem deutschen Vaterland ersprieß-
„liche Dienste leisten zu können, anderen Theils aber das
„Augenmerk in der Auswahl eines geistlichen Fürsten von
„jener Seite auf einen so würdigen Mitstand ge-
„richtet ist, von dem sich zuverläßig die eifrigste
„Bestrebung um das Wohl und die Aufrechthal-
„tung der Integrität und der Rechte des Reichs
„erwarten läßt. Dagegen wünschen Se. Kurfürstliche
„Durchlaucht, und halten sich überzeugt, daß Se. Kai-
„serl. Majestät nach Maaß Ihrer diesen Krieg hindurch
„mit so vielen Aufopferungen bereits bethätigten reichs-
„väterlichen Liebe und dem zugesicherten Betrieb des Frie-
„densgeschäfts zufolge, dem Reich mit allerhuldreichestem
„Gegenvertrauen eine bestimmte, und besonders für jene
„Stände, deren Lande in Feindes Handen und noch grö-
„ßerer Verheerung ausgesetzet sind, beruhigende Eröffnung
„von dem Erfolg der Allerhöchst Ihro Leitung mit so vieler
„Zuversicht überlassenen, und laut des letzteren Höchst-
„verehrlichen Ratifikationsdekrets getroffenen Anordnung der
„Friedenseinleitung mit ehestem allergnädigst zugehen
„zu lassen, geruhen werden."

Eine wahrhaft edle Sprache, der Aufbewahrung in Deutschlandes Annalen vollkommen würdig! — es bedarf jetzt keines
weitern Wortes zur Rechtfertigung meines Satzes, daß Wirz-
burgs Ernennung der Sorge für das Wohl des deutschen Vaterlandes und der wahren Staatsklugheit vollkommen angemessen ist. Die gerechte Lobrede des unpartheyischen Nebenbuh-
lers ist die schönste Bestätigungsurkunde der Wahrheit meiner
Behauptung. 6)

6) Bremen.

§. 41.

Die Politik fordert es, auch vorzüglich auf solche Reichs⸗ stände Rücksicht zu nehmen, deren äußeres Ansehen und Grö⸗ ße der Sache mehr Gewicht und Nachdruck zu geben ver⸗ mag. Sollten also die Verdienste, welche der Herzog von Bremen in diesem deutschen Reichskriege aufweisen könnte, nicht hinreichend angesehen werden, um eine Stelle unter den Depu⸗ tirten einzunehmen, so ist es doch sehr wichtig, auf die Per⸗ son des Königs, welcher zugleich Herzog von Bremen ist, ganz besondere Rücksicht zu nehmen. Ueberdieß ist die Graf⸗ schaft Bentheim in feindlicher Gewalt, daher auch von dieser Seite betrachtet, politische Gründe für diese Auswahl vorhan⸗ den waren.

Wenn auch Bremen ein oder der andere zweydeutige Schritt zur Last geleget werden könnte, so ist doch soviel im⸗ mer richtig, daß es unter den protestantischen größeren Stän⸗ den in die kleine Zahl derjenigen gehört, die doch nicht ganz dem gemeinsamen Verbande frühzeitig entsagten, und sich in nähere Verhältnisse mit dem Feinde einließen. Leider ist es dahin gekommen, daß die gewöhnliche Pflichterfüllung, wenn sie auch noch so unvollkommen ist, im Gegensatze zu den Separatfrieden und anderen so häufigen konstitutionswidrigen Erscheinungen doch ein Verdienst genannt werden kann.

7) Hes⸗

7) Hessendarmstadt.

§. 42.

Die Verläumdungen, welche sich Herr Doktor Sattler gegen diesen deutsch patriotischen Reichsstand so ungeahndet erlaubte, sind von solcher Art, daß es Pflicht jedes deutschen Schriftstellers ist, vor dem unpartheyischen gerechten Publikum eine Untersuchung über die vorgebrachte Beschuldigungen anzustellen. Es ist hier meine Sache nicht, dem seit dem grauen Alterthume durch ausgezeichnete deutsche Handlungen stets ehrwürdigen Fürsten der Katten eine Lobrede zu schreiben oder Denselben gegen einen unbescheidenen strafbaren Schriftsteller mit Absicht zu vertheidigen. Zu ersterem fühle ich nie Hang, am wenigsten in meinen Verhältnissen, die mir ein freyes unbefangenes Urtheil gestatten und mich nicht nöthigen, in die mir verhaßte Zahl der Hofpublizisten eintreten zu müssen. Zu letzterem habe ich keinen Beruf, vielweniger eine sonstige Veranlassung, da dieses fürstliche Haus, wenn es sich gegen einen Skribler zu vertheidigen selbst gut fände, die würdigsten bekannten Gelehrte seines Staates hiezu auffordern könnte. Nur das Streben nach Wahrheit, und mein Gefühl, das sich empört, wenn ich einen deutschen Schriftsteller aus unzeitigem Eifer für seinen Landes= oder Dienstherrn, der zu erhaben ist, um solche Schriften zu billigen, seine Würde als Schriftsteller und Gelehrten verläugnen sehe, können mich zu einer etwas ausführlicheren Untersuchung veranlassen. Ich bin zwar nicht im Stande, die Eigenschaften Hessendarmstadts in ihrem ganzen Umfange darzustellen, indem ich nur aus gedruckten Quellen zu schöpfen, und das, was notorisch ist, dem Publikum vorzulegen vermag; allein es wird einsweilen hinreichen, die Sache des Gegners in ihrer Blöße darzustellen.

Magde=

Magdeburg hat in seinem Votum im Reichsfürstenrathe den 21ten August 1795. die Eigenschaften, welche ein deutscher Reichsstand, der zur Deputation ernannt werden wolle, besitzen müsse, so bündig und kraftvoll dargestellt, daß dieser Schilderung nichts beyzusetzen ist.

Je näher Hessendarmstadts Verdienste diesem Bilde seyn werden, desto mehr wird sich der Werth dieses Deputirten entwicklen. Wenn dieser Reichsstand alles das im vollkommensten Grade besitzt, was einer der ersten protestantischen Stände, mit dessen Gesinnungen Herr Doktor Sattler überhaupt vollkommen einverstanden ist, von einem Deputirten fordert, so ist der Beweis hergestellt, daß Derselbe das Zutrauen nicht nur von Magdeburg, sondern **von dem ganzen protestantischen Religionstheile** wahrhaft besitze.

„Nach denen Begriffen (sagt Magdeburg) die man sich diesorts von denen Pflichten, die einem jeden Reichsdeputato obliegen, machet — so ist jeder derselben in dieser Eigenschaft in allgemeinen Reichspflichten, und nach diesen verbunden, ohnrücksichtlich seines Standes, Ordnung, oder was es auch sey, für das allgemeine beßte des Vaterlandes, für die Erhaltung dessen Verfassung, Integrität und jeder Rechte, sie seyen von welcher Art, wie sie wollen, genauest zu wachen und gemeinsam mit dem ganzen Deputationskonseß, unter dem Vorsitz des reichsoberhauptlichen Commißarii diese ohnrücksichtlich seines Standes oder Hauses zu seinem einzigen Augenmerk zu machen. Nach diesem Begrif, den man der Beurtheilung aller höchst und hohen Mitstände überläßt, ist der Endzweck erreicht, wenn die Auswahl des Reichs auf solche Stände fällt, deren warme Vaterlandsliebe, Einsicht

ſicht und ſtandhafter Muth wohl von niemand bezweiſelt werden mag." x)

Proben einer **warmen Vaterlandsliebe fern von Privatintereſſe**, Proben **wahrer Einſicht** und **ſtandhaften Muthes** ſind demnach die gerechte Forderungen an einen Reichsſtand, der ein würdiger Deputirter genannt werden ſoll. Das Betragen Heſſendarmſtadts in der kritiſchſten Periode Deutſchlandes, während dem Reichskriege mit Frankreich muß aufklären, in wieweit dieſe Proben abgelegt wurden, oder vergebens geſucht werden.

§. 43.

Das fürſtliche Haus Heſſendarmſtadt verlohr durch die ungerechten Dekrete der Nationalverſammlung die beträchtliche im Elſaß gelegene Lichtenbergiſche Lande. Es wurden ihm alle Landesherrliche und Lehensherrliche Gerechtſame entriſſen, y) ein Verluſt, der um ſo ſchmerzlicher war, als dieſes fürſtliche Haus ſchon ſo manches in vordern Zeiten aus Mangel an hinreichendem Schutze von dem deutſchen Reiche den franzöſiſchen Gewaltthätigkeiten hat aufopfern müſſen. z) Hätte Heſſendarmſtadt nur auf Privatintereſſe gedacht, hätte nicht Vaterlandsliebe bey Ihm mehr, als der Blick auf hundert Ihm entzogene anſehnliche Ortſchaften gewürket; ſo würde dieſes fürſtliche Haus gleich manchem anderen Reichsſtande, ſich entweder in Schadloshaltungs = Unterhandlungen eingelaſſen,

oder

---

x) S. das Reichsfürſterſtthsprotokoll vom 21ſten Auguſt 1795.

y) Durch die bekannten Dekrete vom 4. 6. 7. 8. 11. Auguſt und 2. November 1789.

z) S. das erſte Heſſendarmſtädtiſche Promemoria bey Reuß in der deutſchen Staatskanzley Th. XXVI.

oder wenn es noch verdeckter hätte handlen wollen, ein gewisses zweydeutiges Betragen, welches in der Folge der Zeit nach Lage der Umstände jeder Interpretation fähig gewesen wäre, angenommen haben.

Mit Gewißheit konnte dieses fürstliche Haus voraussetzen, daß es endlich zu einem Reichskriege kommen werde und müße, und dieser mit seinem Anfange vollkommenen Verlust des noch übrigen Privateigenthumes zur Folge haben werde. Die Politik nur mit Rücksicht auf das eigene Ich hätte diesem fürstlichen Hanse vielleicht gerathen, das Gewisse für das Ungewisse zu nehmen, um so mehr, als die Erfahrung schon mehrere Jahrhunderte lehrte, daß höchstens Restitution, schwerlich aber voller Ersatz des während einem Kriege tragenden Verlustes zu erwarten seye. An Eroberungen, folglich neuen Gewinn für die einzelnen Reichsstände war ohnehin schwerlich zu denken. Würde Hessendarmstadt also nicht nach den reinsten Grundsätzen **wahrer Vaterlandsliebe** gehandelt, und die Sorge für das allgemeine Beßte seinem Privatwohle aufgeopfert haben, so hätte es mit dem Gedanken, daß derjenige am meisten gewinne, der mit Frankreich sich zuerst nach dessen Wünschen vereinige, die ihm in dem Jahre 1790 und 1791 von demselben geschehene Entschädigungs-Anträge nicht abgelehnet. Fanden einige andere reichsständische Höfe kein Bedenken die Konvenienz den reichsständischen Pflichten vorgehen zu lassen, und wo nicht die Entschädigung gleich anzunehmen, doch wenigstens ihr ein geneigteres Gehör zu bezeigen, so hätte Hessendarmstadt auch ein gleiches thuen, und dennoch in der Folge ohne Bedenken auf eine Stelle unter den Deputirten antragen können.

Rühmlich ist es aber und wird es diesem deutschen Reichsstande bleiben, daß Er das öffentlich für eine Verletzung Seiner reichsständischen Pflichten erklärte, was andere in der Folge sich. öffentlich zum Verdienste anrechneten. a) Nicht nur der Ritter von Ternan, sondern auch der Freyherr von Groschlag, die beyde Entschädigungs=Anträge vorbrachten, wurden von dem patriotischen Herrn Landgrafen lediglich auf die Verbindung mit Kaiser und Reich hingewiesen. b) Nur Vaterlandsliebe konnte einen deutschen Fürsten abhalten, angebothene Vortheile nicht zu benützen, vielmehr Seine Größe in der treuesten Beobachtung reichsständischer Pflichten zu suchen,

Mit **Einsicht** und **standhaftem Muthe** bekannte sich Hessendarmstadt im Angesichte des deutschen Reiches zu dem öffentlichen Grundsatze, daß eines jeden einzelnen Reichsstandes Einlassung mit Frankreich wegen Entschädigungen **unerlaubt** und **ungiltig** seye. „Ohne des deutschen Reichs Wissen, Zuthun und Genehmigung können keine Verträge und Verabredungen mit Frankreich geschlossen werden", erklärte dieser edle Fürst in Seinem dem deutschen Reichstage übergebenen Promemoria. c) Getreu blieb Er bis jetzt ohne alle Rücksichten diesen einem deutschen Fürsten würdigen Gesinnungen. Während dem andere Stände das Gegentheil von allem demjenigen thaten, was sie öffentlich und feyerlich versichert hatten, konnten auch die härtesten Zufälle nie dieses fürstliche Haus bewegen, sich von diesen ächten Grundsätzen auf einige Art zu entfernen.

§. 44.

---

a) Der Herzoglich wärtembergische Gesandte von Mandelsloh sprach in seiner unter dem ersten Oktober 1796 an das französische Direktorium gehaltenenen Anrede: *Le Duc Chartes sur les instances du citoijen Moreau, acceptoit le premier le principe des indemnites.*

b) S. das weitere Hessendarmstädtische Promemoria vom Maymonath 1791. S. 6.

c) Vom Maymonath 1791. S. 5.

§. 44.

Schon im Sommer des Jahres 1792, wo noch kein Reichskrieg beschlossen war, lieferte der Herr Landgraf eine ausgezeichnete Probe Seiner Vaterlandsliebe und Seines standhaften Muthes. Die österreichischen und preußischen Heere waren weit in Frankreich entfernt, und die Rheingegend so von Truppen entblößt, daß ein französischer Anfall auf das unvorbereitete deutsche Reich mit Grund befürchtet werden konnte. Was die kaiserlichen Minister an manchem reichsständischen Hofe aller Vorstellungen ungeachtet entweder schwer oder gar nicht bewirken konnten, das that Hessendarmstadt aus eigenem Triebe — es setzte sich nämlich in Wehr und Vertheidigungsstand. Notorisch ward das Militär von Ihm deßfalls ansehnlich vermehrt und mobil gemacht. Alle Handlungen dieses Reichsstandes waren nur auf den einigen Gesichtspunkt gerichtet, mit Zutritt und Beystand der benachbarten Reichsmitstände gegen jeden Einbruch Schutz und Widerstand zu leisten.

Fruchtlos blieben die wohlgemeinte Absichten des Herrn Landgrafen, da diese Vertheidigungs-Anstalten von den benachbarten Reichsmitständen nicht unterstützt wurden. Verwüstungen des Feindes mußten zuerst mehrere derselben aus ihrem sorgenlosen Schlummer erwecken und dann war doch da oder dort Einer, der weit lieber seine Kassen in entfernte Gegenden flüchtete, oder sich hinter eine zweydeutige Neutralität versteckte, als daß er dem standhaften Beyspiele des tapferen Fürsten der Katten gefolgt wäre. Würde gleiche Vaterlandsliebe und standhafter Muth alle am Rheinstrome befindliche deutsche Fürsten beseelet haben, so hätte man dem feindlichen Ueberfalle Custines, kräftigen Widerstand leisten können. Schwerlich wäre die Uebergabe von Mainz und Frankfurt an eine Armee

Armee schlecht bewaffneter Leute, denen fast alles Belagerungs: geschütz mangelte, erfolgt, wenn nach Hessendarmstadts Wün: schen mehrere der reichsständischen Nachbarn zum Vertheidigungs: zwecke mitgewirkt hätten.

Sich selbst überlassen war es dem Herrn Landgrafen Unmöglichkeit, mit isolirten Vertheidigungsanstalten der Ge: walt einer Armee zu widerstehen. Verlassen von den Nachbarn rettete Er dem ungeachtet durch einen von Seinen tiefen Einsich: ten zeugenden Plan, das deutsche Vaterland vor dem wei: tern Eindringen des Reichsfeindes. Er zog seine sämmtlichen Truppen aus der Gegend des Rheins in das Oberfürsten: thum Hessen, um da durch Besetzung der Veste Gießen den Feind von weiterm Eindringen in das Herz von Deutschland abzuhalten. Er hoffte demselben dadurch so lange den Weg zu verlegen, bis die aus Frankreich zurück marschirende preußische Armee angekommen seyn werde. Die Erfahrung lehrte, daß die Besetzung von Gießen vom beßten Erfolge gewesen; denn in der That war diese die einige Hinderniß, daß Cüstine seine Invasion von dieser Seite nicht weiter ausdehnen konnte. — Hätte wohl ein einzelner Reichsstand eine größere Probe der Vaterlandsliebe, tiefer Einsichten und standhaften Muthes in einer so entscheidenden Periode ablegen können?

§. 45.

Hiebey ließen es der Herr Landgraf nicht bewenden. Ohne gleich manchen andern Ständen einen Reichsschluß abzuwar: ten, der Sie zur Vertheidigung des Vaterlandes nöthige, schloßen Sie aus Vaterlandsliebe gleich nach der Ankunft der preußischen Armee in der Gegend von Gießen Ihre sämmtliche Truppen an dieselbe an. Von diesem Augenblicke

bis

bis zur wirklichen Erklärung des Reichskrieges, blieben die Hessendarmstädtische Truppen beständig im Felde, und so wie schon vorher auf preußische Veranlassung ein Theil derselben zur Garnison von Frankfurt mit gebraucht ward, so sind sie auch in der Folge zu mehreren der wichtigsten Vorfälle, vorzüglich der Belagerung der Veste Mainz mit bekanntem Ruhme verwendet worden.

Aus diesen wenigen zur allgemeinen Wissenschaft gekommenen Thatsachen ergiebt sich schon hinreichend, daß Hessendarmstadt weit früher, als es Pflicht forderte, zum Beßten des deutschen Reiches thätig war. Diese Thätigkeit ward keineswegs mit den Veränderungen an dem politischen Horizonte und dem steigenden Glücke des Feindes vermindert. Sie vermehrte sich im Gegentheile, je mehr das Wohl des Reiches größere Anstrengung verlangte. So sehr auch mit dem ersten Anfange des Krieges die auf dem Kriegstheater liegenden Lande des Herrn Landgrafen beschweret werden mußten, so gerechten Anspruch dieser Reichsstand vor vielen andern auf gänzliche Befreyung von Kriegsbeyträgen hätte machen können, so finden wir dennoch bey keiner Gelegenheit jene Klaglieder, welche einige andere Reichsstände, die sich patriotisch nannten, so oft anstimmten, als es um Verwilligung von Römermonathen oder Stellung von Mannschaft zu thuen war. Der Herr Landgraf hätte, da ein so großer Theil der Landeseinkünfte gänzlich mangelte, der übrige um vieles geschmälert war, und demungeachtet die Ausgaben sich vermehret hatten, auf eine volle Nachsicht den gerechtesten gesetzlichen Anspruch machen können. Es ist kein Geheimniß, daß ein gewisser Reichsstand zur nämlichen Zeit, in welcher er ansehnliche Geldträgen in entferntere Lande schickte, am Reichstage das traurige Bild seines Geldmangels und gänzlichen Unvermögens zu Zahlung der Römermonathe mit den stärksten Farben mahlte.

J 2 Wir

Wir finden in der Geschichte des reichsständischen Patriotismus einen andern, der nicht einmal sein überflüßiges gut genährtes Militär zur Vertheidigung an Rhein stellen wollte, vielmehr ein desfallsiges Ansinnen des Reichsgeneralkomandos sehr übel nahm, und weit lieber seine dem deutschen Vaterlande treuen Bürger für gefährliche Leute, vor denen Er sich fürchten müsse, erklärte, als daß Er einen einigen Mann zu Erhaltung des Reichsverbandes abgegeben hätte. Von solchen Zügen wird keiner in dem Benehmen des fürstlichen Hauses Hessendarmstadt während dem ganzen Reichskriege eine Spur finden. Der Herr Landgraf erklärte im Gegentheile schon den 28sten Jänner 1793, daß Er zu den verwilligten Römermonathen alles beytragen werde, soweit es die Landesverhältnisse gestatten würden. d) Auf ähnliche Art äußerte Er sich bey allen folgenden Römermonaths-Verwilligungen, e) ungeachtet schon bis Ende des Jahres 1794 die Berechnung des Kriegsschadens weit über eine Million betragen hat. So oft der Herr Landgraf zu Römermonathen stimmte, waren es keine leeren Worte, wie sich aus den Berechnungen der Reichsoperationskasse ersehen läßt. Auf gleiche Weise wurde die vollzählige Stellung und Erhaltung des Kontingentes nie unterlassen. f) Ueberhaupt wurden von dem Herrn Landgrafen alle

mög=

---

d) S. das Reichsfürstenrathsprotokoll vom 28sten Jänner 1793.

e) S. besonders das Reichsfürstenrathsprotokoll vom 25sten Jän. 1796.

f) Sehr schön ist das Hessendarmstädtische Votum vom 6ten Oktober 1794, als von Aufstellung des Quintuplums die Frage war. „So groß und höchst empfindlich (sind die Worte) für des Herrn Landgrafen Hochfürstl. Durchlaucht der Verlust ist, den Höchstdieselben durch Jnvasion und Beraubung des bey weitem größten Theiles ihrer Hanau-Lichtenbergischen Lande vom Feinde erleiden müssen, und so sehr über dieß auch durch die außer dem Triplo Höchstihres Kontingents bereits ins Feld gestellte Truppen, so wie durch

die

mögliche Reichs- und Kreiß-Präftationen mit der größten Sorgfalt entrichtet. Ein Beyspiel seltner deutscher Vaterlandsliebe! — unter denjenigen Ständen, die einen verhältnißmäßig gleichen Schaden vor und während dem Laufe dieses Krieges leiden mußten, werden wenige seyn, die sich einer eben so treuen und vollständigen Erfüllung ihrer Pflichten rühmen können.

§. 46.

Wie zeichnete sich nicht Hessendarmstadt in dem Jahre 1794 vor den meisten der übrigen Stände durch das Aufgeboth des Landmanns in der Obergrafschaft Kazenellnbogen zur Mitbewachung des Rheins, und durch die vortrefliche Organisation dieser Vaterlandsvertheidiger so rühmlich aus? — Indessen andere dem Rheine zunächst gelegene Unterthanen eines gewissen Reichsstandes auf befohlene Insinuationen der fürstlichen Beamten um Befreyung von der allgemeinen Bewaffnung und Bewachung des Rheinufers bitten muß-

---

die ansehnliche innere Landes Vertheidigungs-Anstalten die Kräfte des Landes zum Besten der gemeinen Sache angegriffen haben, so wollen Sie jedoch nach dem Gefühle der heiligen Pflichten, die Sie gegen Kaiserl. Majestät und das Reich, so wie gegen Ihr Land, Haus und Nachkommenschaft zu erfüllen Sich schuldig erachten, wie auch in der ganz belebenden Hoffnung, daß durch Realisirung der von Ihro Kaiserl. Majestät vorgeschlagenen Erhöhung der Kriegs-Armatur die thätige Macht gegen den gemeinschaftlichen Feind einen beträchtlichen Zuwachs erhalten und die so nahe drohende Gefahr dadurch abgewendet wird, sich bereit und willig finden lassen, durch Stellung des Quintupli des Kontingentes den wohlgemeinten reichsväterlichen Wunsch Ihro Kaiserl. Majestät, so wie hinburch zugleich ihre Obliegenheit auf das gewissenhafteste alsdann sogleich zu erfüllen, wenn dessen Stellung durch einen gemeinschaftlichen Reichsschluß beschlossen seyn wird." — Die Versicherung ward fürstlich erfüllt.

mußten, und ihr guter Wille, das Vaterland zu vertheidigen, auf alle mögliche Art erschweret ward, zogen 27000 Mann brave Hessendarmstädtische Unterthanen auf Kosten ihres edlen Fürsten fast dritthalb Monathe zur Bewachung des Rheinufers aus. Nicht wenig hat dieses in dem betrübten Zustande, wo ohnehin das Benehmen eines und des andern Standes zweydeutig war, zur Bewahrung desselben vor weiterem Vordringen des Feindes, der durch die nothgedrungene Retirade des Feldmarschalls von **Wurmser** um so übermüthiger war, beygetragen.

Alle diese Verwendungen werden durch die zuvorkommende Unterstützungen aller Art überwogen, mit welchen die Kaiserl. Königl. und Reichstruppen bey Lieferungen, Fuhren, Einquartirungen, Lazarethen u. s. w. in den Hessendarmstädtischen Landen behandelt wurden. Da kostete es nicht die viele Bemühungen, Pro= und Reprotestationen, wenn Spitäler oder sonstige Einquartirungen geschehen sollten, die, wie mehrere gedruckte Beweise vorhanden sind, in verschiedener anderer Reichsstände Landen versucht werden mußten. Es ist im Gegentheile offenkündig und einem jeden, der während diesem Kriege am Rheinstrome gelebt hat, genau bekannt, daß alle Hochfürstlich darmstädtische Beamte den gemessensten Befehl hatten, alles nach Möglichkeit zu leisten, was zur Zufriedenheit der Armeen beytragen könne. Um die Forderungen derselben bey Durchmärschen, Einquartirungen und sonstigen Kriegsvorfällen noch geschwinder und genauer befriedigen zu können, setzten der Herr Landgraf eine eigene Kriegskommission nieder, die von dem nämlichen Geiste, auf die möglichste Art den Truppen nützlich zu seyn, belebt war. Es müssen bey ihr viele urkundlichen Beweise der ausgezeichneten Zufriedenheit des Armee=Komandos vorhanden seyn. Da mir aber die Gelegenheit fehlet, solche zu erhalten, so muß ich mich lediglich

lich auf die Notorietät dieses Betragens, welches vorzüglich jeder Beamte der dortigen benachbarten Lande, der gleich mir in ähnlichen Geschäftsverhältnissen verwickelt war, und also aus eigener Erfahrung und dem übereinstimmenden Urtheile des gesammten Militärs urtheilen kann, bezeugen würde, berufen. g)

§. 47.

---

g) Durch Zufall ist mir dennoch, da ich als dirigender Beamter des fürstlich speyerischen Oberamtes Kislau mit den Kommandanten der Truppen viele Geschäfte hatte, ein Zeugniß zu Gesicht gekommen, welches der Feldmarschall Herr Graf Clerfayd dem auch als Schriftsteller berühmten Hessendarmstädtischen Obristen Hrn. Grafen a Ponte Leone, welcher als Landkriegskommissär der bereits erwähnten Kriegskommission vorstand, ertheilte. Der würdige Herr Oberst wird mir verzeihen, wenn ich ohne Seine Erlaubniß zu einigem Beweise meiner Behauptung von dem Zeugnisse, das ich abschriftlich unter meinen mehreren gesammelten diesen Krieg betreffenden Aktenstücken besitze, Gebrauch mache. Der wörtliche treue Inhalt ist folgender:

Dem Hessendarmstädtischen Herrn Obristen Grafen a Ponte Leone kann ich nicht entstehen, mit besonderem Vergnügen und lebhafter Dankbarkeit zu bezeugen, daß Derselbe seiner Seits alles beygetragen habe, was denen kaiserl. königl. Truppen, Depots, Spitälern und sonstigen vielen Durchmärschen in dem Hessischen Oberfürstenthum nur einen Vorschub und Vortheil leisten konnte — daß Derselbe auch ferners stets die gehörige Vorsorge getroffen, damit auch von der Seite des dortigen Militärs den kaiserl. königl. Seits allenthalben zur Vermeidung deren Excessen und Beleidigungen aufgestellten Maßregeln freundschaftlich entsprochen wurde, wodurch denn gedachter Hr. Obrist sich unsere allgemeine Hochachtung und Ergebenheit so vollkommen erworben hat, als gerecht seine Ansprüche dadurch auf die Gnade seines Landes-Herrn geworden sind.

Gegeben in meinem Hauptquartier Grosgerau am 4ten May 1795.

(L.S.) Clerfayd.

Auf solche Art both das fürstliche Haus Hessendarmstadt von dem ersten Augenblicke des feindlichen Ueberfalles bis jetzt **ununterbrochen** alle Kräfte auf, um sowohl seine Pflichten zu erfüllen, als auch den kaiserlichen und Reichstruppen allen Vorschub zu leisten. Einem jeden, der nur einige Begriffe von den statistischen Verhältnissen der darmstädter Lande hat, muß es einleuchten, wie groß die Anstrengungen des Herrn Landgrafen gewesen seyn müssen, um Ihre reichspatriotische Gesinnungen auf eine solche Art zu bethätigen. Dieß muß um so mehr einleuchten, wenn die Betrachtung beygefüget wird, daß alle diesem Fürsten zustehende Hanauische Besitzungen im Elsaß und selbst das auf deutschem Reichsboden gelegene Amt Lemberg gleich nach dem Ausbruche des Krieges von dem Feinde eingenommen, die übrigen Hessischen Lande aber durch den Aufenthalt und beständigen Durchmarsch der deutschen Truppen, durch feindliche Invasion und erlittene Kriegsschäden in den erschöpftesten Zustand versetzt waren.

Diese angeführte patriotische Handlungen sind durch das neueste erhabene Benehmen des Herrn Landgrafen gekrönet worden. Es ist bekannt, daß zu Ende des vorigen Jahres nach den großen Siegen des Erzherzogs Karl über den deutschen Reichsfeind, Se. königl. Hoheit genöthiget waren, zu Unterstützung der fernern Kriegsoperationen sehr ansehnliche Beyträge von Naturalien nebst Fuhren=Leistungen von den vordern Kreisen zu requiriren. Man weiß nur allzuwohl, welche Sensationen diese Requisitionen an verschiedenen Orten erregt haben, und wie so mancher Reichsstand, der ein vierfaches Opfer dem Feinde hätte bringen müssen, es dennoch sehr drückend fand, daß der Freund, der Erretter Beyträge zur Subsistenz und aus Mangel der Magazine Nahrung für die ermüdeten

Krie=

Krieger forderte. Musterhaft und der Aufbewahrung für die Nachwelt in einem größern historischen Werke ganz würdig ist die Verordnung, welche der edel denkende Herr Landgraf an Ihr Kriegskollegium erlassen haben, als gleiches Verlangen auch an Ihre Lande geschehen mußte. Ich schmeichle mir, daß es den Lesern dieser Abhandlung sehr angenehm seyn wird, wenn ich dieses ausgezeichnete Monument einer seltnen reichsständischen Denkart hier wörtlich überliefere. b) Der Geist und die Sprache, in welchem diese Verordnung abgefasset ist, das aus derselben so sichtbar hervor leuchtende Streben des Herrn Landgrafen, den Eifer Ihrer getreuen Unterthanen für Unterstützung der gerechten Sache zu erhalten, und immer neu anzufachen, zeugt am beßten, wie sehr dieser Reichsstand, dessen Handlungen zuerst unpartheyische Nachkommen in ihrem wahren Werthe allgemein schätzen werden, für das Beßte des deutschen Vaterlandes bemühet ist.

„Wir haben ersehen, (sprechen der Herr Landgraf in diesem lesenswürdigen Aktenstücke zu Ihrem Kriegskollegium) was Uns Ihr, in Betreff der, von des Herrn Erzherzogen Karl k. Hoheit und Liebden, als kommandirenden Generalfeldmarschall der kaiserl. und Reichsarmee, seit der durch diese Armee glücklich bewirkten Befreyung Unserer Lande und von der erlittenen feindlichen Okkupation, an Unsere Unterthanen, zu Unterstützung der ferneren Kriegsoperationen, requirirten starken Beiträge von Naturalien und Fuhren, unterm 4ten dieses Monats unthänigst berichtet habt: und Wir haben diesen wichtigen Gegenstand, nach allen dabei eintrettenden Rücksichten, in Erwägung gezogen.

So

---

b) Sie ist zwar einzeln gedruckt, aber meines Wissens dem größeren Publikum noch nirgendwo mitgetheilet worden.

So sehr es Uns nun dabei, auf der einen Seite zu Herzen geht, daß Unsere getreue Unterthanen, nach den bisher schon erlittenen, vielen und mancherlei Kriegsbedrängnissen und Beschädigungen, und bei dem schädlichen Einflusse, den die noch überdies in dem größten Theil Unserer Lande, seit einiger Zeit wüthende Viehseuche auf ihren Nahrungsstand hat, nun abermals auch noch einen beträchtlichen Theil der Erzeugnisse ihres landwirthschaftlichen Fleises zum Unterhalt der Armee, ohne dafür zureichende Preise und gleich baare Zahlung zu erhalten, abgeben, und zugleich eine grose Anzahl, sehr beschwerlicher Magazins- und anderer Transportfuhren, zum Dienst dieser Armee leisten sollen; so tritt doch auf der andern Seite die noch weit wichtigere Betrachtung ein, daß ohne diese Hülfsleistungen die Armee, welcher das Land die Befreiung von einem Feinde, der dessen gänzlichen Ruin vorbereitete, verdankt, sehr leicht in die Nothwendigkeit gesetzt werden könnte, ihre siegreiche Unternehmungen aufzugeben, ja sogar ihre gegenwärtige beschützende Stellung zu verlassen, und unsere Unterthanen von neuem, der schon erfahrnen Raub- und Verheerungssucht dieses, ohne Zweifel alsdann mit verdoppelter Wuth zurückkehrenden Feindes Preiß zu geben.

Wir wissen, daß andere Unsere Mitreichsstände sich durch eben diese Rücksichten bewogen gefunden haben, der Armee grose, und zum Theil verhältnißmäßig noch grösere Unterstützungen, als diejenigen, welche an Unsere Lande gefordert worden, zu bewilligen, und daß deren Unterthanen ihre äusserste Kräfte angestrengt haben und noch anstrengen, um diesen Bewilligungen Genüge zu leisten.

Wir

Wir haben überdieß alle Hoffnung, daß der, mit diesen Lieferungen theils wegen der angebotenen geringen Preiße, theils wegen der, für dieselbe, so wie für einige der vorherigen Lieferungen, vor der Hand zurückbleibenden Zahlung verbundene Schaden, durch die von euch vorgeschlagene und hiermit genehmigte Maasregeln, von Unseren Unterthanen abgewandt, oder wenigstens in kurzem vergütet werden wird.

Bei allen diesen Umständen, ist die Befriedigung der von Seiten der Armee gemachten Forderungen, in so weit nur immer die Kräfte des Landes hierzu anreichen, offenbar das kleinere Uebel, welches man als das einzige Mittel, ein weit gröseres abzuwenden betrachten und wählen muß.

Es geschieht deswegen aus wahrer landesväterlicher Fürsorge für die Erhaltung und Wohlfahrt Unserer getreuen Unterthanen, wenn Wir hiemit aufs Ernstliche befehlen, daß den befragten, von Seiten der kaiserl. und Reichsarmee gemachten Requisitionen und Naturalienlieferungen und Transportfuhren, so viel als möglich, und mit Anstrengung aller Kräfte, Genüge geleistet werden soll. Zu näherer Bestimmung dieses Unsers gnädigsten Befehls aber, verordnen Wir noch weiter Folgendes:

1.) Ohne sich auf eine bestimmte Quantität von zu liefernden Naturalien und zu leistenden Fuhren einzuschränken, soll alles dasjenige, was das Land oder einzelne Aemter von ihrem Vorrath an Brodfrüchten, Mehl, Hafer, Heu und Stroh, im Ganzen nur einigermaasen entbehren können, ohne Einwendug und Weigerung zusammen getragen, und in die Magazine der Armee abgeliefert,

und

und so viel Fuhren als die Unterthanen nach ihrem gegenwärtigen Zugviehstande bestreiten können, sollen geleistet werden.

2.) Es folgt hieraus von selbst, daß eine Repartition der Lieferungen, auf den gewöhnlichen Fuß der Steuer-Capitalien, nicht Statt finden kann, sondern ein Jeder dasjenige, was er entbehrlich hat, abliefern, derjenige aber, der nichts entbehrlich hat, von dem Beitrage verschont bleiben muß.

3.) Damit jedoch diese Repartitionsart für diejenige Unserer Unterthanen, welche noch mit Naturalvorräthen versehen sind, nicht unbillig und beschwerend werde; so soll dasjenige, was ein ganzes Amt zusammengetragen hat, in Eine Summe, nach billigen, von euch zu bestimmenden Mittelpreisen der verschiedenen Artikel gezogen, diese Summe auf sämtliche Amtsunterthanen und Eingesessnen, nach dem Steuerkapital repartirt, und von denjenigen, welche nichts, oder weniger als ihr zu kontribuirendes Quantum beträgt, geliefert haben, der schuldige Beitrag in Gelde erhoben, sodann aus diesem Fond die Gleichsetzung derjenigen, welche mehr geliefert, bewürkt werden. — Sollte der Fall eintretten, daß die Gelderhebung, wegen zu großer Armuth der Unterthanen nicht sogleich vollständig bewerkstelligt werden könnte; so soll es den Aemtern und Gemeinden gestattet seyn, zu Minderung des Beitrags, Kapitalien (wobei jedoch, um nicht die Aemter und Gemeinden ohne Noth mit Schulden zu überladen, die größte Mäßigung zu beobachten, und zugleich für die Mittel der baldmöglichsten Wiederabtragung zu sorgen ist) aufzunehmen. Sie haben sich deswegen an euch zu wenden, und ihr, nach sorgfältiger Prüfung

fung aller Umstände, die Ertheilung der hierzu nöthigen Consense bei der Behörde zu veranlassen. — Auser dieser vorläufigen Parification der Aemter und Gemeinden, behalten Wir Uns vor, wegen einer noch zur Zeit unmöglichen, allgemeinen Parification des ganzen Landes, demnächst in ruhigen Zeiten, das Nöthige zu verfügen.

4.) Da der gegenwärtige Fall von aufferordentlicher, und offenbar von solcher Art ist, daß alle Unsere Landeseingesessene und Unterthanen, ohne Unterschied des Standes, bei dem wichtigen Zweck dieser zu thuenden Lieferungen gleich starkes und unmittelbares Interesse haben; so können auch die Besitzer sonst befreiter Güter, wie z. B. Adeliche, Geistliche u. dergl. auf Befreiung von dem Beitrag zu denselben keinen Anspruch machen, und es sind also dieselbe, nach dem, ohnehin durch die Natur der Sache gerechtfertigten Beispiel älterer Zeiten, allerdings zu diesem Beitrag, nach obigen Bestimmungen, anzuhalten, insoferne keine besondere Freiheiten selbige davon befreien.

5.) Was die Magazins- und andere Transportfuhren betrifft; so sind dieselbe, so viel als möglich, nach richtigem Verhältniß des Zugviehstandes, in welchem sich die verschiedene Aemter und Gemeinden gegenwärtig befinden, zu repartiren: und obgleich eine allgemeine Parification in Ansehung dieser, sehr lästigen Fuhrenleistungen, ebenfalls bis auf ruhigere Zeiten vorbehalten bleiben muß; so ist jedoch billig, und befehlen Wir hiermit, daß diejenigen Unserer Unterthanen, welchen ihr Vieh- oder Geschirr durch diese Kriegsfuhren zu Grunde oder verloren geht, ihre Entschädigung dafür, provisorisch auf Kosten der Gemeinden und Aemter, zu welchen sie gehören, so-

gleich

gleich erhalten sollen. Uebrigens bleibt es bei der, ohnehin schon bestehenden Verordnung, daß zu diesen Fuhren auch die Besitzer frohnbfreien Zugviehes und befreiter Güter, ohne Unterschied zugezogen werden.

6.) So bald als die, von dem Kaiserl. Hofe, nach den, oben erwähntermasen, theils schon gemachten, theils noch zu machenden Einleitungen zu erwartende Zahlung, erfolgt seyn wird; so versteht sichs von selbst, daß die bezogene Gelder sogleich an die Unterthanen, denen sie gehören, abgeliefert, mithin ihnen, unter keinerlei Vorwand, vorenthalten werden. Auch diese Aussicht auf eine baldige Entschädigung muß dazu beitragen, sie zu pflichtmäsiger patriotischer Anstrengung ihrer äusersten Kräfte in dem gegenwärtigen dringenden Augenblick, desto bereitwilliger zu machen.

Wir befehlen euch also gnädigst, daß ihr diesen Unsern ernstlichen Willen, nach allen hier angehängten Bestimmungen, Unsern getreuen Unterthanen, durch die ihnen vorgesetzte Beamten, ausführlich bekannt macht, und so fort diese letztere anweiset, sich die Vollstreckung desselben, nach den von euch zu gebenden näheren Vorschriften, mit allem dem Eifer und der unablässigen Thätigkeit, welche ein so dringender und wichtiger Fall ihnen zur Pflicht macht, bei Vermeidung Unserer Ungnade und strenger Ahndung angelegen seyn zu lassen. Wir hoffen nicht, daß Unsere Unterthanen, da sie sich bisher noch immer durch treue Erfüllung ihrer Pflichten gegen Uns und gegen das Vaterland rühmlich ausgezeichnet, und übrigens von Unserer landesväterlichen, bei jeder Gelegenheit thätigen Theilnehmung an ihren, während dieses Krieges erlittenen Bedrängnissen, überzeugt zu seyn, alle

Ursa-

Ursache haben, in dem gegenwärtigen Falle den schuldigen Gehorsam zu leisten, Anstand nehmen werden. Sollte aber dieses bei einem oder dem andern dennoch der Fall seyn; so habt ihr die Ungehorsame, durch Sach gemäse Zwangsmittel zu ihrer Schuldigkeit unnachsichtlich anzuhalten. Versehens Uns und sind euch iu Gnaden wohlgewogen.

Bischofsheim am Hohen Steeg, den 9ten Nov. 1796.

Ludewig L.

Wir können zwar aus öffentlichen Blättern nicht bestimmen, was Alles nach dieser Verfügung zur Unterstützung der Armee von denen der guten Sache treu gebliebenen Hessen geleistet ward. Alle Korespondenz-Nachrichten aus den dortigen Gegenden stimmen jedoch darinn überein, daß die Requisitionen mit beispielloser Anstrengung erfüllt wurden. Wie sehr wenigstens die Obrigkeiten sowohl als die Unterthanen sich bemühten, dem Willen ihres Landesfürsten zu entsprechen und den Namen wackerer deutscher Bürger zu verdienen, ergiebt sich z. B. schon aus dem einigen Umstande, daß die Hessendarmstädtische Aemter Lichtenau und Kork am Ende des Novembers v. J. einige Zeit täglich zur Belagerungs-Armee bey Kehl 40000 Brodportionen lieferten, und der tapfere Erzherzog Karl durch ein besonderes Schreiben 1) seine höchste Zufriedenheit und Dank für die bewiesene Bereitwilligkeit, der Armee in der damaligen dringenden Noth zu Hülfe zu kommen, gedachten Aemtern zu erkennen gab.

S. 48.

---

1) Vom 29sten November 1796.

§. 48.

Noch sind die Thatsachen, welche die **Vaterlandsliebe, Einsicht** und den **standhaften Muth** des Herrn Landgrafen erproben, nicht entschöpfet. Würden sich auf dem Tableau Seiner politischen Verhältnisse Züge eines konstitutionswidrigen Separatfriedens, egoistischer Neutralität oder Demarkations-Systeme vorfinden — wie sehr würde nicht das Ganze verlieren? allein es ist mir eine wohlthätige Empfindung, nach der genauesten Erwägung aller Handlungen behaupten zu können, daß der Herr Landgraf unter den protestantischen Ständen fast der einige ist, der **treu und standhaft, für den Bund des deutschen Vaterlandes** bis zu dieser Stunde ohnrücksichtlich alles Uebels ausharrte.

Gleich bey der ersten Berathschlagung über diesen Reichskrieg erklärte der Hessendarmstädtische Herr Gesandte am Reichstage, die Gesinnungen seines Herrn Prinzipalen über diesen Gegenstand dahin: k)

„Es halte sich Sein gnädigster Herr Prinzipal überzeugt, daß in einem solchen Reichskriege, als der dermalen in Berathung stehende wäre, es schlechterdings dem **Verbande des deutschen Reichskörpers und seiner Glieder wiederspreche**, wenn sich eines oder das andere der letztern von dem erstern von selbst und für sich losreißen das heißt, die Neutralität ohne Erlaubniß Kaisers und Reichs gegen die vordern Reichsschlüsse, namentlich die vom Jahre 1734 und 35 ergreifen wolle. Niemand litte darunter mehr, als die nächste Nachbarn, l) auf wel-

---

k) S. das Reichsfürstenrathsprotokoll vom 11ten März 1793.

l) Leider mußten der Herr Landgraf die erste Erfahrung dieses Satzes und gewiß wieder alle Erwartung an einem durch natürliche Bande verbundenen Nachbarn machen.

welche sodann die Gewalt des Feindes in ungeschwächter ganzer Stärke fallen würde, und deren Unterthanen sogleich gefährliche Vorstellungen geringerer landesväterlicher Fürsorge und härteren Behandlung zum größten Nachtheil des Ganzen, das doch immer jeder Reichsstand zum hauptsächlichsten Augenmerke verehren sollte, fassen würden, woraus nur unrechtliche und unschickliche Nachahmungen entstünden, die den gemeinen Verband auflöseten, mithin, um allen sothanen Uebeln in ihrer Wurzel vorzubeugen, es am zweckdienlichsten machen, die Neutralität im einzelnen ausdrücklich, durchaus und mit Vorbehalt der Ahndung auch Schadensersatzes zu verbiethen." m)

Es fällten zwar mehrere Reichsstände in erstern Zeiten das nämliche Urtheil über Neutralitäten; allein einer und der andere handelte anderst, als er gesprochen hatte. Was jeder billige, gerechte Mann über Separat-Frieden urtheilen müsse, können wir hier übergehen; denn es mangelt nicht an deutschen Schriftstellern, die es gewagt haben, den verkappten Hofpublizisten der Separatfriedens-Fürsten mit deutscher Unbefangenheit diese Sünden wider die deutsche Konstitution ohne Schminke vorzulegen. Ich glaube daher, ohne Scheu behaupten zu können, daß der Herr Landgraf von Hessendarmstadt

Sich

---

m) Mit wenigen Worten der schönste Kommentar über die Rechtmäßigkeit der Separatfrieden und Neutralitätsgesinnungen! — es hat freylich auch nicht ein jedes Kabinet einen Freyherrn von Gatzert, der Staatsrecht und Politik in gleich hohem Grade vereiniget, aufzuweisen, da nicht in allen Landen Gelehrsamkeit und Klugheit lediglich den Weg zu Ministerstellen bahnen. Würden aber doch wenigstens andere Staatsminister diese schöne Lehre, welche ein deutscher Reichsstand öffentlich ertheilte, beherziget und ihren Herrn nach innerer rechtlicher Ueberzeugung besser gerathen haben!

K

Sich durch den standhaften Muth, mit welchem Sie bis auf diese Stunde Ihren öffentlich erklärten Gesinnungen getreu geblieben sind, einen dauerhaften Ruhm erworben haben, einen Ruhm, den Separatisten und Antikonstitutionisten, die nunmehr in die Stellen der Kurfürstenerianer, Fürstenerianer und anderer älterer Partheygänger eingerückt sind, wohl augenblicklich antasten, aber nie zerstören können.

Selbst dann, als im Sommer vorigen Jahres durch den Uebergang der Franzosen über den Rhein bey Kehl, die gefahrvolle Krisis für das deutsche Vaterland auf das höchste gestiegen war, konnten sich der Herr Landgraf aus reinem Patriotismus nicht entschließen, dieser allerdings äußerst bedenklichen Lage der Umstände ein Opfer von Ihren einmal angenommenen Grundsätzen zu bringen. Wer das Unangenehme der Verhältnisse des Herrn Landgrafen in den damaligen Zeiten nur ein wenig überdenken will, dem müssen diese schöne Züge reichsständischer Entschlossenheit und Vaterlandsliebe die reinste Ehrfurcht für einen deutschen Fürsten solcher Art abgewinnen. Die französische Armee rückte immer tiefer in das Herz von Deutschland vor, das Darmstädtische Land war von dem verheerenden Feinde besetzt und den bekannten Plünderungen preis gegeben, mehrere Reichsstände zogen ihre Kontingente zurück und liessen sich in Friedenstraktaten ein, der Herr Landgraf hatten überdieß durch Ihre natürliche Lage und Verbindungen die beßte Gelegenheit, Schritte zu Separatunterhandlungen einzuleiten und allem dem ungeachtet blieben Sie doch Ihren reichsständischen Pflichten ohnrücksichtlich der vielen Uebel, die mit deren Beobachtung verbunden waren, unverrückt getreu.

§. 49.

§. 49.

Alle diese notorische Thatsachen, welche von einem Schriftsteller der sich an der Quelle befindet und mehrere Materialien erhalten kann, näher entwickelt zu werden verdienen, zeugen meines Bedünkens hinlänglich von demjenigen Grade der Vaterlandsliebe, Einsicht und des standhaften Muthes, welchen Magdeburg bey einem Reichsdeputirten billig voraussetzt. Sie rechtfertigen zugleich das Vertrauen, welches dem fürstlichen Hause Hessendarmstadt seine Reichsmitstände durch Uebertragung einer Reichsfriedens=Deputirten=Stelle bewiesen haben. Es durfte und konnte dieser Reichsstand auch um so mehr gerechte Erwartungen auf Ernennung zu dieser Stelle unterhalten, als die französische Beeinträchtigung der im Elsaß possessionirten Reichsstände doch hauptsächlich die Einmischung des deutschen Reichs in den Krieg mit Frankreich veranlaßt und unter jenen Ständen Darmstadt den größten Verlust erlitten hat.

So sehr man im jetzigen Kriege gewohnt ward, in mancher reichsständischen Stimme ein leeres Nichts unter einem Schwalle patriotischer Ausdrücke zu finden, so wenig kann man mit Recht den Hessendarmstädtischen protokollarischen Aeusserungen einen solchen Vorwurf machen. Dieser Reichsstand hat nicht zu viel von sich gesprochen, da Er sich, als die Wahl der Deputirten zur Sprache kam, deswegen empfahl, weil Er an Rechten, Besitzungen und Einkünften mehrere Tonnen Goldes Schaden gehabt, zur Verfechtung des gemeinen und Partikular Beßten nicht nur persönliche Mitwirkung eintreten lassen, sondern auch in Prästation seiner Kontingente, Bezahlung der Römermonathe, Aufgeboth seines Landvolkes an gefährlichen Stellen und überhaupt Zusammenhaltung mit Haupt und Glieder des Reichs sich einige Verdienste erworben habe, — Man vergleiche diese bescheidene Sprache von einigen Verdiensten mit demjenigen, was Andere seit 1792 von sich gesprochen haben, und es wird sich der große Unterschied leicht ergeben.

§. 50.

Schlüßlich noch etwas weniges über die ausdrücklichen Beleidigungen und Beschuldigungen, welche sich Hr. Doktor Sattler gegen den vortreflichen Herrn Landgrafen von Hessendarmstadt namentlich vorzubringen unterstanden hat.

Er will behaupten, Hessendarmstadt habe sich durch sein eigenmächtiges Verfahren unter die Reichsdeputirten eingedrungen. Der Begriff einer freyen Wahl, welche von Reichsmitständen geschiehet, bringt es schon mit sich, wie wenig es möglich ist, sich durch ein eigenmächtiges Verfahren in eine solche Stelle einzubringen. Nennt Herr Doktor Sattler vielleicht das Eindringen, wenn ein Reichsstand seine gerechten Wünsche nach einer solchen Stelle äußert, und sie mit dem bescheidenen Vortrage der aufzuweisenden Eigenschaften unterstützt, so haben sich schon sehr viele Reichsstände eingedrungen. Es mögte sich dann leicht erweisen lassen, daß Darmstadt dieser Vorwurf weniger, als andere Stände trifft. n) Hrn. Doktor Sattler muß es doch wohl auch bekannt seyn, welche Schritte Würtenberg, welches auf Unkosten Hessendarmstadts von ihm erhoben wird, um die Aufnahme unter die

Depu-

---

n) Es war Dasselbe überhaupt nicht so sehr für eine Reichsdeputation gestimmt; dann Es erinnerte sehr zweckmäßig, daß das Schicksal der ältern Reichsdeputationen nicht glücklich gewesen sey. S. die dritte Fortsetzung des Reichsfürstenrathsprotokolls vom 10ten Junÿ S. 16.

Deputirten gethan habe. Könnte man dieses eifrige Bemü=
hen des würtenberger Hofes nicht auf gleiche Weise ein Ein=
dringen nennen?

Darmstadt soll ferner nach der Behauptung des Herrn
Doktors Sattler das Vertrauen des protestantischen Religions=
theiles gar nicht besitzen. Woher weiß das der Herr Doktor?
was sollte Hessendarmstadt des Vertrauens unwürdig gemacht
haben? er nenne solche Fälle, in welchen der Herr Landgraf
das Interesse des Religionstheiles, dessen würdiges Mitglied
Er nie zu seyn aufhörte, verabsäumte. Alle Handlungen dieses
Reichsstandes beweisen das Gegentheil; denn Er ist ein eben
so eifriger Anhänger des protestantischen Religionstheiles in
Religionssachen, als Er in politischen Gegenständen ein
wahrer Vater seines Landes, und ein treuer Anhänger der
beschwornen deutschen Konstitution ist. Der Herr Doktor Satt=
ler wird nicht läugnen können, daß der Herr Landgraf in
diesem Reichskriege unerschütterliche Treue an Kaiser und Reich
und Standhaftigkeit in den größten Gefahren erprobt
habe. Ein solcher Charakter leistet dem protestantischen Reli=
gionstheile die beßte Bürgschaft, daß der Herr Landgraf die
Gerechtsame desselben der Konvenienz und dargebothenen Vor=
theilen aufzuopfern sich weit weniger bewegen lassen werde,
als Reichsstände, die man bey dem Wechsel des Glückes
von einer Seite zur andern wanken sah. Ueberdieß hat
der protestantische Religionstheil noch auf keine Art den Man=
gel eines Vertrauens auf Hessendarmstadt zu erkennen gege=
ben. Daß der Herr Landgraf aus Liebe zur deutschen Kon=
stitution jenem politischen Bunde verschiedener protestantischer
Höfe, dessen gegenwärtige Existenz sich leider! aus allen poli=
tischen Ereignissen folgern laßt, noch nicht beygetreten ist,
weil Ihm der Gedanke, sich gegen seine Mitstände zu ver=
binden, abschreckend seyn muß, kann schwerlich einem Reli=
gions=

gionstheile, der ohnehin seiner Natur nach nichts mit politischen Gegenständen zu thuen haben sollte, ein hinreichender Beweggrund seyn, das Zutrauen zu einem rechtschaffenen Mitgliede, welches Religions = und politisches Interesse wohl zu sondern weiß, aufzugeben. Einer der vornehmsten protestantischen Stände, mit welchem ohnehin fast alle übrige gleicher Gesinnungen sind, hat im Gegentheile dadurch, daß er die nöthigen Eigenschaften eines vertrauenswürdigen Deputirten schilderte, vollkommen an Tag gelegt, daß Darmstadt alles Zutrauens würdig seye.

Endlich versichert auch noch der Herr Doktor mit der ihm eignen Zuversicht, daß die katholischen Reichsstände Darmstadt in der Stille unterstützt hätten, und dasselbe von keinem einigen seiner Religionsgenossen bey der Deputationswahl eine Stimme zu seinem Vortheile erhalten habe. — Was die vorgebliche Unterstützung Darmstadts von Seiten der Katholiken betrifft, so ist zu wünschen, daß der Herr Doktor bald den Beweiß hierüber herstelle, da er hiezu schon von dem Verf. der polizeimäßigen Bemerkungen über seine Abhandlung aufgefordert ward. Das andere Vorgeben, daß Darmstadt keine protestantische Stimme für sich gehabt habe, wird hinreichend aus den Protokollen widerlegt. Man vereinigte sich nach abgehender dritten Stelle im Fürstenrathe von Seiten der Kurfürsten für Darmstadts Ernennung. Mehrere fürstliche Reichsstände A. K. schlossen sich überhaupt der Stimmenmehrheit an. Sie haben dadurch offenbar für Hessendarmstadt mitgewirkt. Gesetzt aber auch, daß kein einiger protestantischer Stand für die Ernennung Hessendarmstadts zur Deputation gestimmt hätte, würde das ein nachtheiliges Licht auf dieses fürstliche Haus werfen? würden nicht vielmehr die protestantischen Reichsstände dadurch, daß sie einem solchen Stande, der alle Eigenschaften, welche Magdeburg verlangte, in

der

der größten Vollkommenheit aufweisen kann, ihre Stimmen versagt hätten, gegen die eignen Grundsätze aus Nebenabsichten gehandelt haben? oder es müßte Magdeburg unter der Vaterlandsliebe die Liebe zur Vaterlandstheilung, nicht zur Vaterlandserhaltung verstanden haben. So wenig dieß von einem Reichsstande, der so oft seinen Mitständen die Gefühle seines Patriotismus anrühmte, zu glauben ist, eben so wenig ist zu vermuthen, daß derselbe durch den standhaften Muth den Muth, seine katholisch geistlichen Reichsmitstände ihrer Rechte berauben zu wollen, habe ausdrücken wollen. So lange Herr Doktor Sattler dieß nicht beweisen kann, sondern vielmehr zugeben muß, daß Magdeburg die Vaterlandsliebe und den standhaften Muth in dem eigentlichen Sinne genommen habe, so lange bleibt es gegen sein Vorgeben richtig, daß Magdeburg und die sich mit ihm konformirenden Stände stillschweigend für Darmstadt ihre Stimmen gegeben haben; wenigstens konnten sie ihren aufgestellten Grundsätzen gemäß Demselben nicht entgegen seyn.

§. 51.

Die übrigen zwar nicht namentlich, aber doch auch größten Theils gegen das fürstliche Haus Hessendarmstadt gerichtete Schmähungen will ich ganz übergehen. Das wenige, was ich von Dessen Verdiensten und bisherigem Benehmen aus bekannten Quellen zusammengestellt habe, setzt jeden unpartheyischen Deutschen in den Stand, ein gegründetes Urtheil über des Herrn Doktors Sattler Arbeit zu fällen. Der Herr Landgraf von Hessendarmstadt scheinen diese Schmähschrift aller Aufmerksamkeit so unwürdig gefunden zu haben, daß Sie sich mit edlem Selbstgefühle und der schon so oft erprobten Mäßigung mit der den

13ten

14ten Dezember 1796 im Reichsfürstenrathe durch Ihren Gesandten verlesenen Erklärung begnügten: r)

„Daß Sie die auf Höchstdero fürstliches Haus in jener Schmähschrift gerichteten Invectionen mit großmüthiger Verachtung um so mehr ansähen, als offenkündige Thatsachen Ihroselben Betragen völlig untadelhaft darstellten, und den unverschämten Verfasser vor dem unpartheyischen, und besser unterrichtetem Publikum Lügen strafften."

Es ist wahr, daß die offenkündige Thatsachen den Herrn Doktor Sattler vollkommen beschämen; allein es ist eben so gewiß, daß ein großer Theil des deutschen Publikums mit den Handlungen eines jeden Reichsstandes nicht so vertrauet ist oder sich dieselbe nicht sogleich so in das Gedächtniß zurückrufen kann, daß das Aechte von dem Falschen und die Wahrheit von Verläumbungen genau abgesondert wird. Ueberdieß ist es eine Beleidigung gegen das ganze deutsche Publikum, wenn ein Schriftsteller demselben Unwahrheiten und Verläumdungen in einem so entscheidenden Tone aufbringen will. Wenn also auch der beleidigte Theil eine solche Schrift keiner Achtung würdiget, so scheinet mir doch jeder Deutsche, der Wahrheit schätzt, berechtiget und verpflichtet zu seyn, zur Entlarvung gewissenloser Schriftsteller seines Vaterlandes beyzutragen. Dieß Gefühl allein hat mich so lange bey dem

zur

---

r) Auch an dem deutschen Reichstage ist kein Verboth gegen die Satyrische Schrift, wie manche behaupten wollten, ergangen. Dieses irrige Gerücht mag sich dadurch verbreitet haben, weil dieselbe, als man sie in die kaiserliche Prinzipalkommissions-Kanzley zum Verkauf brachte, nach der bestehenden neuen gesandschaftlichen Uebereinkunft in den Buchladen verwiesen ward.

zur Reichsdeputation bestimmten fürstlichen Hause Hessendarmstadt verweilen lassen. Sehr würde es mich und zuverläßig jeden Unpartheyischen freuen, wenn diese kurze Darstellung einen genauer unterrichteten Schriftsteller zur vollständigen Bearbeitung der Verdienste des fürstlichen Hauses Hessendarmstadt während diesem leidigen Kriege veranlassen mögte. p)

8) Baden.

§. 52.

Zur Zeit, als den Herrn Markgrafen von Baden das Loos, zur Reichsdeputation ernannt zu werden, getroffen hat, war Derselbe gewiß in jeder Hinsicht dieser besondern Auszeichnung vollkommen würdig. Das Reichsoberhaupt hat öffentlich q) die treflichen Vorkehrungen und Vertheidigungsanstalten des Herrn Markgrafen als ein nachahmungswürdiges, rühmliches Muster aufgestellt. Auf gleiche Art belobten Se. Majestät in dem auf die badische Anzeige vom Zwecke der wilhelmsbader Union erlassenen Antwortsreskripte vom 8ten Dezember 1794 den edeln Patriotismus, welchen der Herr Markgraf stets bewiesen habe. So wenig solche Ausdrücke des

---

p) Schlüßlich muß ich hier noch erinnern, daß auch andere unpartheyische Schriftsteller, ehe noch die Reichsdeputirte gewählet wurden, eingesehen haben, daß Hessendarmstadt vorzüglich zur Deputation ernannt zu werden verdiene. So z. B. heißt es in der Stimme eines Einzelnen über die Art der Bewürkung des Reichs zu dem gewünschten Frieden mit Frankreich S. 20: „Hessendarmstadt ist zur bevorstehenden Deputation des erleidenden größern Verlustes halber in einem vorzüglichen Grade berechtiget."

q) In dem an den Reichstag erlassenen kaiserlichen Kommissionsdekrete vom 23sten Jenner 1794.

des Reichsoberhauptes einen Zweifel übrig lassen, daß der Herr Markgraf nur durch patriotische Thaten die Stelle unter den Reichsdeputirten errungen habe, eben so gewiß ist es, daß der Verlust, den Derselbe durch die bekannten Decrete der französischen Republick erfahren mußte, Seine Eigenschaften zu dieser Stelle vermehrte.

So war die Lage der Sache in jener Epoche, als die Wahl des Herrn Markgrafen zur Deputation geschehen ist. Wie sehr hat sie sich aber nicht in der Folge verändert! der bekannte Separatfriede, welcher in dem vorigen Jahre zwischen dem Herrn Markgrafen und der französischen Republick geschlossen ward, und in welchem Ersterer sogar eine Staatsrechts=Dienstbarkeit ohne Vorwissen des Reichs auf deutschem Boden gestattete, ist eine Handlung, mit welcher der vorherige Grad des Zutrauens von Seite der meisten Reichsstände schwerlich bestehen wird. Wie kann das Ganze gerechtes Zutrauen zu einem Mitgliede hegen, welches sich willkührlich und ohne Vorwissen von demselben trennet, welches das besondere dem allgemeinen Interesse vorziehet? dieß ist der gerechteste Zweifel, welchen die Vernunft aufwirft. Ich will es indessen nicht wagen, denselben zu lösen. Es scheinet mir aber doch, daß Magdeburg in seiner Schilderung eines würdigen Deputirten bereits das Urtheil nach seiner Ueberzeugung über diesen Fall gesprochen habe. Es sagt nämlich: ein Reichsdeputirter ist in dieser Eigenschaft in allgemeinen Reichspflichten und nach diesen verbunden, ohnrücksichtlich seines Standes, für die Erhaltung der Verfassung, Integrität und jeder Rechte, sie seyen von welcher Art sie wollen, genauest zu wachen. Ohnmöglich kann diese Bedingnisse ein solcher Reichsdeputirter erfüllen, der die Integrität des Reichs durch seine eigne Handlungen vorher selbst angegriffen hat. Welches Gewicht könnten sich

die

die übrigen Stände von den Worten eines Deputirten versprechen, deſſen vorhergegangene Handlungen das Gegentheil bezeichnen? er würde bey dem Friedenskongreß mit ſich ſelbſt im Widerſpruche ſtehen oder das Konſtitutionswidrige ſeiner Handlung bekennen müſſen. Schwerlich mögte nach ſolchen und noch mehreren hinzu tretenden Betrachtungen das Reſultat anderſt ausfallen, als daß bey dem eintretenden Gebrauche der Deputation die Wahl eines andern Reichsſtandes an die Stelle des Herrn Markgrafen durch das Reichsoberhaupt veranlaſſet werden müßte.

9) und 10) Augsburg und Frankfurth.

§. 53.

Unter den katholiſchen Reichsſtädten, die nicht in Feindes Gewalt ſind, war Augsburg faſt die einige, welche die Koſten einer Deputation zu tragen nicht nur im Stande iſt, ſondern auch in jeder Hinſicht die vorzüglichſte Rückſicht verdiente. Der Handel und die bey einem Frieden zur Sprache kommenden Verhältniſſe deſſelben intereſſiren unter den katholiſchen Reichsſtädten Augsburg faſt am meiſten. Es iſt im Stande, über dieſen Gegenſtand die beßte Auskunft zu geben. Daſſelbe hat überdieß durch möglichſte Erfüllung ſeiner reichsſtändiſchen Pflichten zu dem allgemeinen Zwecke beygetragen, folglich das gerechte Zutrauen des Reichs durch ein kluges, patriotiſches Benehmen erworben.

Die Reichsstadt Frankfurth hat vor den übrigen protestantischen Reichsstädten so unverkennbare Vorzüge, daß die Stimme der Billigkeit lediglich für ihre Ernennung zur Reichsdeputation entscheiden konnte. Ihr Handel hat in dem jetzigen Kriege unter allen am meisten gelitten. Bey den Bestimmungen der künftigen Handelsverhältnisse zwischen Deutschland und der französischen Republick ist sie auch ganz vorzüglich interessirt, indem die Schifffahrt des Rheinstromes, welche von Seiten Frankreichs wichtigen Forderungen wird ausgesetzt seyn, für ihren Handel von der größten Bedeutung ist. Dieselbe ist daher allein im Stande, über die Deliberationspunkte, welche sich auf diesen Gegenstand beziehen, die richtigste auf Sachkenntniß gegründete Aufschlüsse zu ertheilen.

Diese Eigenschaften sind nicht die einige, welche der Reichsstadt Frankfurth ein vorzügliches Gewicht, vor ihren Mitschwestern zur Deputation ernannt zu werden, beylegen. Sie hat auch ausgezeichnete Proben wahrer Vaterlandsliebe und unerschütterlichen Muthes geliefert. Man durchgehe diesen deutschen Reichskrieg vom Anfange bis auf den gegenwärtigen Augenblick, so werden sich Beweise aller Art zur Ueberzeugung finden. Schon gleich in der ersten Periode, wo die Republikaner nach Eroberung der Veste Mainz alle Mittel versuchten, ihre Grundsätze geltend zu machen, blieben die treuen Frankfurther in ihrer deutschen Vaterlandsliebe unerschütterlich. Glücklich unter der weisen Leitung ihres einsichtsvollen Magistrates fügten sie sich zwar in jene Verhältnisse, welche sie als der schwächere überwundene Theil nicht abwenden konnten. Sobald sich aber eine Gelegenheit zeigte, wo sie im Stande waren, ihre wahre Gesinnungen zu erproben, loderte die Flamme der Vaterlandsliebe hoch empor. Es liegt außer den Grenzen dieser Abhandlung, alle

die

die edlen Handlungen, durch welche sich Frankfurth besonders bey dem Einfalle Cüstines ruhmvoll auszeichnete, aufzustellen. Sie verdienten aber als ein merkwürdiges Non plus ultra für die Empfänglichkeit der französischen Grundsätze gesammelt zu werden.

Frankfurth hat sich nicht nur bemühet, die reichsständische Pflichten durch Stellung seines Kontingentes und Bezahlung der Römermonathe zu erfüllen, sondern auch zu Unterstützung des erhabenen Beschützers des deutschen Vaterlandes alle Kräfte aufgebothen. Der obrigkeitliche Aufruf, den der patriotische Magistrat dieser Reichsstadt den 19ten Hornung vorigen Jahres an die gesammte Bürgerschaft erlassen hat, wird unter der Reihe schöner reichsständischer Züge zu allen Zeiten ehrenvoll erwähnet werden. Er erinnerte in demselben alle Einwohner an die fürgewesene Gefahr in dem Oktober des vorherigen Jahres, welche des Kaisers muthiger Arm abgelehnet habe. Er erinnerte an das dafür schuldige Dankgefühl, an den unermeßlichen Aufwand, den der Kaiser seit vier Feldzügen zur Rettung Deutschlandes gehabt habe, und an die jedem Bürger aufliegende Unterstützungs-Pflicht. Er hat in dieser Rücksicht einen jeden Einwohner eingeladen, das entbehrliche Geld zum kaiserlichen Anlehen mit 5 Prozent verzinslich darzubringen, da auch die minder bemittelte Klasse durch halbe und quart Parzialobligazionen von 500 und 250 fl. hieran Theil nehmen, die vermögliche aber nebst eignem größern Beitrage ihre ausgebreitete Handlungsverbindungen zur auswärtigen Geldersammlung füglich verwenden könne, die Zahlung auch stückweis und bis Ende Mays angenommen werde. Der biedere Magistrat äußerte zugleich in diesem ehrenvollen Denkmale seiner Gesinnungen die Hoffnung, daß kein Mitbürger zurück bleiben werde, um seinem allergnädigsten Kaiser die allertiefe ste Devozion und dankvollste Verehrung, so wie die Gesinnungen der Anhänglichkeit an die gemeine Sache des Reichs mit der That zu bewähren. Das geäußerte allerhöchste kaiserliche Wohlgefallen war für den Magistrat sowohl, als die Bürgerschaft gewiß die schönste Belohnung für diese und andere ächt deutsche Handlungen. Welche Reichsstädte können sich rühmen, in gleicher Lage gleiches gethan, oder durch noch schönere Handlungen gegründetere Ansprüche auf eine Stelle unter den Deputirten erworben zu haben?

www.ingramcontent.com/pod-product-compliance
Lightning Source LLC
Chambersburg PA
CBHW030249170426
43202CB00009B/680